生活課題解決能力を育成する
授業デザインの実証的研究

授業評価・改善に関するモデル

野中美津枝
NONAKA MITSUE

福村出版

[JCOPY]〈出版者著作権管理機構 委託出版物〉
本書の無断複写は著作権法上での例外を除き禁じられています。複写される場合は,そのつど事前に,出版者著作権管理機構(電話 03-5244-5088,FAX 03-5244-5089, e-mail: info@jcopy.or.jp)の許諾を得てください。

はしがき

　21世紀の子どもたちが社会において生きていくために必要な力を特定するために，国内外で議論が進められている。その中でOECD（経済協力開発機構）が提示した「キー・コンピテンシー」，ATC21S（21世紀型スキルの学びと評価）プロジェクトが提示した「21世紀型スキル」，国立教育政策研究所が示した「21世紀型能力」などにおいては，いずれもグローバル社会で健全で豊かな未来を創るために市民性が重視され，協調性と問題解決能力の重要性が挙げられている。こうした議論を踏まえ，社会の変化に対応し，21世紀を切り拓く人材を育成する上で，生活や社会の課題解決能力を育成することは，学校教育の課題となっている。
　2016年12月に学習指導要領改訂の基本的な方向性や考え方を示す中央教育審議会の答申が公表された。この答申においても，これからの新しい時代を生きる子どもの未来を見据え，予測が困難な複雑で変化の激しい社会を生きるために，問題発見・解決能力の育成が重視されている。そのため，新学習指導要領では学びの過程が見直されて，「主体的・対話的で深い学び」の実現を目指したアクティブ・ラーニングの視点から授業改善の取り組みを活性化していくことが明示され，授業改善の実証的研究が求められている。
　家庭科教育が目指す生活課題解決能力の育成とは，実生活における問題を自ら発見し解決する判断力や意思決定能力，さらに実践力の育成であり，まさに市民性を養い21世紀型学力を育む教育である。今日，少子高齢化，家族や地域福祉，食育，消費者教育といった，持続可能な社会に向けての様々な社会問題に対応するための解決能力の育成が期待されている。
　本書の研究課題「生活課題解決能力を育成するための授業研究」は，筆者が高校教員時代から大学教員として授業研究にかかわるようになった現在まで，

一貫して追究している研究テーマである。本書では，「生活課題解決能力を育成する授業デザインと授業評価・改善に関するモデル」を構築するために，生活課題解決能力を育成するとはどういうことであるかの基礎的・記述的研究を踏まえ，「①生活課題解決能力を育成するための授業デザイン」「②生活課題解決能力を育成するための授業評価・改善」「③アクティビティを中心にしたアクション・リサーチ」について，家庭科における授業実践・授業分析を通して実証的に検討した一連の研究成果をまとめている。新学習指導要領では，アクティブ・ラーニングの視点からの授業改善が課題となっているが，本書ではアクティビティを中心にした授業デザイン，授業改善の効果を分析する手法やアクション・リサーチを実証的に検討しており，また，アクティブ・ラーニングが遅れているとされる高校での実証研究を多く取り上げている。本書が，今後の学校教育で期待されているアクティブ・ラーニングの視点からの授業改善の取り組みを活性化していく上で，授業改善の実証的研究の学術的貢献となれば幸いである。

野中美津枝

生活課題解決能力を育成する授業デザインの実証的研究
授業評価・改善に関するモデル
目次

はしがき　3

序章
生活課題解決能力を育成することの必要性 …… 11
1. 本研究の背景と目的　12
2. 本研究の構成と計画　17

第1章
生活課題解決能力を育成するための基礎的・記述的研究 …… 21

第1節　家庭科で育成する生活課題解決能力 …… 22
1　生活課題解決能力の育成における問題解決的な学習の位置づけ　22
2　問題解決能力と意思決定　23
3　問題解決のための生活資源の活用　24
4　家庭科で育成したい生活問題解決スキルと問題解決的な学習　25
5　解決すべき生活問題のレベル　27
6　問題解決的な学習で活用される学習方法　30

第2節　家庭科教育における授業研究の動向 …… 33
1　家庭科教育における授業研究の動向　33
　（1）1960年から2009年の動向　33
　（2）2010年から2016年の動向　35
2　授業実践からみた生活課題解決能力を育成するためのアクティビティ　40

第3節　生活課題解決能力を育成する授業デザインと授業評価・改善に関するモデル …… 44
1　生活課題解決能力を育成するための授業研究の必要性　44
2　生活課題解決能力を育成する授業デザイン　46
3　生活課題解決能力を育成する授業評価・改善に関するモデル　48
4　まとめ　50

第2章
高校家庭科における授業デザインと授業評価に関する実態調査からみる現状と課題 ……51

第1節　家庭科教員の生活課題解決能力を育成する授業研究に関する実態調査 ……52
1　目的　52
2　研究方法　54
　(1) 調査方法と調査対象者の属性　54
　(2) 調査項目と分析方法　54

第2節　実態調査の結果および考察 ……56
1　設置学科と家庭科の履修状況　56
2　日頃の授業の状況　57
　(1) 授業づくりの悩み　57
　(2) 授業がうまくいかなかったときの原因　57
　(3) 授業づくりで重視していること　57
　(4) 家庭科の授業に対する生徒の意欲　59
3　学習活動の実施状況　60
　(1) 家庭科必修科目で実施している学習活動　60
　(2) 教職年数と学習活動　61
　(3) 生徒の学習意欲と学習活動　62
　(4) 問題解決的な学習の重視度と学習活動　65
4　家庭科の授業研究の状況　66
　(1) 日頃の授業の省察状況　66
　(2) 家庭科の授業研究体制　66

第3節　実態調査からみる現状と課題 ……68

第3章
生活課題解決能力を育成する授業デザイン ……71

第1節　福祉生活課題解決能力を育成する授業 ……72
　　　　――知的障害者との交流体験学習導入による福祉意識の形成
　　　　　[知的障害者施設でのボランティア活動実践を通して]
1　目的　72
2　方法　73

3　結果および考察　76
　　（1）ボランティア活動経験とボランティア活動への関心　76
　　（2）知的障害者との交流体験学習による福祉意識の変化　78
　4　要約　85

第2節　食生活課題解決能力を育成する授業　86
　　　　──食生活課題解決への主体性意識の育成
　　　　 生活活動と食事バランス診断を導入した献立学習を通して
　1　目的　86
　2　方法　87
　　（1）調査対象と授業の枠組み　87
　　（2）授業効果の分析方法　87
　3　結果および考察　90
　　（1）生活活動と食事のバランス診断導入の効果　90
　　（2）作成献立の評価　93
　　（3）食生活課題解決への主体性意識の変容　93
　4　要約　96

第3節　消費生活課題解決能力を育成する授業　98
　　　　──消費生活課題解決への主体性意識の育成
　　　　 パソコンによる一人暮らしの予算作成を導入して
　1　目的　98
　2　方法　99
　　（1）授業対象と授業の枠組み　99
　　（2）授業効果の分析方法　100
　3　結果および考察　103
　　（1）一人暮らしシミュレーションについての自由記述の感想の分析　103
　　（2）パソコンによる意思決定表の導入の評価　106
　　（3）生活費・車の購入計画の評価　106
　　（4）消費生活課題解決への主体性意識の変容　106
　4　要約　110

第4節　小学生の消費生活課題解決能力を育成する授業　111
　1　目的　111
　2　方法　112
　3　授業の流れと学習活動　113

4　結果および考察　115
　　　（1）買い物シミュレーションの問題解決　115
　　　（2）アクティビティの評価　119
　　5　総括——授業の再構成と消費生活課題解決能力を育成する授業デザイン　122
　　　（1）授業の再構成　122
　　　（2）消費生活課題解決能力を育成する授業デザイン　123

第4章
生活課題解決能力を育成する授業評価・改善　127

第1節　生活課題解決能力を育成する授業における授業評価と省察の必要性　128
　　——主体的に学ぶ家庭科の授業設計と授業分析の検討
　1　目的　128
　2　方法　129
　3　結果および考察　130
　　（1）子どもからみた授業ストラテジーの分析　130
　　（2）生徒の自己評価　134
　　（3）授業参観者の授業評価　135
　　（4）授業者の自己評価　139
　4　総括——研究の結論と示唆　141
　　（1）家庭科の主体的な学びにつながる授業設計の要因　142
　　（2）授業分析方法の検討　144

第2節　福祉生活課題解決能力を育成する授業の評価・改善　146
　　——参加型アクション志向学習による学習者の思考の変容プロセス
　1　目的　146
　2　導入した参加型アクション志向学習　148
　3　授業実践　149
　4　分析方法　151
　　（1）ラベルトークと友達の意見　152
　　（2）文章化の結論「障害者福祉とは」　153
　　（3）学習過程における思考の変容　153
　5　結果および考察　154
　　（1）ラベルトークと友達の意見　154
　　（2）文章化の結論「障害者福祉とは」　160
　　（3）学習過程における思考の変容　162

6　要約　　164

第3節　生活課題解決能力を育成する授業デザインと授業評価・改善
　　　　モデルによるアクション・リサーチ 166
　　　──アクティビティを中心に捉えたアクション・リサーチにおける授業改善の効果
　1　目的　　166
　2　アクティビティを中心に捉えたアクション・リサーチ　　167
　3　方法　　168
　4　結果および考察　　170
　　（1）授業者の授業評価と授業改善箇所からみた改善の効果　　170
　　（2）学習者からみた授業改善の効果　　176
　5　要約　　181

終章
生活課題解決能力を育成する授業デザインと授業評価・改善モデルにおける今後の研究課題 183

　1．本研究による知見　　184
　2．考察　　189
　　　──生活課題解決能力を育成する授業デザインと授業の評価・改善に関するモデル
　3．今後の研究課題　　193

*

おわりに　　195
初出一覧　　197
引用・参考文献　　199
索引　　207

序章

生活課題解決能力を育成することの必要性

1. 本研究の背景と目的

　家庭科教育の目標は，よりよく生きるために子どもたちの生活課題解決能力を育成することである。生活課題解決能力の育成とは，実生活における問題を自ら発見し解決する判断力や意思決定能力，さらに実践力を育成することである。今日，食育，消費者教育，少子高齢化，家族や地域福祉などの様々な社会問題に対応するための解決能力の育成が期待されている。社会の変化に対応し，21世紀を切り拓く人材育成をする上で，社会における自立を目指し，生活者の視点で課題解決能力を育成し市民性を養う家庭科の意義は，2008年の中央教育審議会答申においても指摘されているところである。2005年には食育基本法，2012年には消費者教育推進法が施行され，食育や消費者教育などは学校教育活動全体で行うべき学習活動となっているが，その中核をなすのは家庭科に他ならない。そのため，家庭科における生活課題解決能力を育成するための学習活動の充実は，家庭科以外の学校教育活動にも波及する可能性が大きく，さらに社会の変化に対応するための次世代を担う人材の育成に寄与するといえる。

　また，これまでの日本の知識偏重で試験のための暗記型の学習形態は批判され，OECDが提示したキー・コンピテンシーのように21世紀型学力には生涯にわたる活用型学力が求められている。グローバル化と近代化により多様化し相互につながった世界において，人生の成功と正常に機能する社会のために必要な国際標準の学力について，OECDは2003年報告書で，①相互作用的に道具を用いる，②異質な集団で交流する，③自律的に活動する，という3つのキー・コンピテンシーを提示している（ライチェン，サルガニク，2006）。荒井(2012)は，この国際標準として示されたキー・コンピテンシーと家庭科の学習指導要領に示されている目標を照らし合わせ，図序-1のように，家庭科の目標は3つのキー・コンピテンシー全体をカバーするものであり，きわめて親和性が高いことを明らかにしている。家庭科では，日常生活に必要な知識や技術を身につけて実践（活用）し，生涯を通して生活的，経済的，社会的に「自

```
        ┌─────────────────────────┐
        │ 1. 相互作用的に道具を用いる │
        │ 日常生活に必要な知識や技術を身に│
        │ つけ活用する              │
        └─────────────────────────┘
┌─────────────────────┐   ┌─────────────────────┐
│ 2. 異質な集団で交流する │   │ 3. 自律的に活動する    │
│ 家族の一員として，男女が協力│   │ 進んで生活を工夫し生活の課題│
│ して家庭や地域の生活を営む │   │ を主体的に解決する       │
└─────────────────────┘   └─────────────────────┘
```

小・中・高を通した共通の目標
◎日常生活に必要な知識や技術を身につけ活用する
◎家族の一員として，男女が協力して家庭や地域の生活を営む
◎進んで生活を工夫し生活の課題を主体的に解決する

図序-1　キー・コンピテンシーと家庭科の学習目標との関係
出所：荒井（2012），p.15.

立」できることを目指している。また，家族，幼児，高齢者，福祉，地域について学び，体験を通して「共生」について考え，家族や地域社会の一員として生活を営むことができるようにする。そして，「自立」した個人と「共生」の価値観を礎に，生活における課題を主体的に解決していける生活課題解決能力の育成が家庭科の目指すところである。

　キー・コンピテンシーに示された自律的に活動する力については，「自律的に活動することは，社会空間を乗り切り，生活や労働の条件をコントロールしながら自らの生活を有意義で責任ある形で管理するように個人がエンパワーされていることを意味する」，さらに，「個人は有能に自らを主体として確立し，市民として，家族の一員として，消費者として，また労働者としてその責任や選択を熟練した形で担うことができるのである」と解説されている（ライチェン，サルガニク，2006）。一方，家庭科で育成する生活者について，中間（2004）は，「生活者とは，行政や企業などの社会システムによってつくられたものに安住するのではなく，自覚した個人が，主体的に，積極的に日常生活を創造する者」としている。つまり，自律的に活動する力とは，家庭科が目指す「自立」と「共生」を礎にエンパワーされた生活者が，社会の中で実生活における

問題を自ら発見し解決していける生活課題解決能力に他ならない。

　それでは，家庭科における生活課題解決能力は，いかにして育成するのであろうか。学習指導要領では，生活課題解決能力を育成するための学習方法は問題解決的な学習であると捉えられている。問題解決的な学習とは，実生活に活用できる問題解決学習の疑似体験であり，指導者が学習過程を仕組み，意図的に準備し，生徒自らが課題を見いだし，問題解決を考える学習活動である。つまり，効果的な学習となるかどうかは，授業者の授業発想力や構成力といった授業デザインにかかっている。中間（2011）は，実践的・体験的学習，問題解決的学習を特徴とする家庭科の学習においては，行動を通して共に学び，行動変容をねらう主体的学習方法であるアクション志向学習の導入が効果的としている。生活課題解決能力を育成する問題解決的な学習の授業では，判断力や意思決定能力，さらに実践力を養うために様々な参加型のアクティビティ（学習活動）を導入しなければならない。

　2014年11月，文部科学省は，学習指導要領の改訂に向けた中央教育審議会への諮問に，新しい学習・指導方法としてアクティブ・ラーニングを盛り込んだ。アクティブ・ラーニングでは，教員の一方的な講義型授業ではなく，学習者の参加型の学習活動の導入が必要である。石川・小貫（2015）は，参加型授業における学習に有効な方法をアクティビティと称している。本研究では，参加型アクション志向学習に用いられる学習活動をアクティビティと呼ぶ。家庭科では，生活課題解決能力を育成するために，これまでにも様々な参加型のアクティビティを導入して問題解決的な学習の充実が進められてきたが，今後いっそうアクティビティを中心とした学習活動を踏まえた授業デザインが求められる。一方，学習指導要領総則には，教師は授業を評価して授業改善することが明記されている。学習者を評価するだけでなく，教師が授業を省察することが求められている。授業後に省察して授業評価をすることによって授業を改善することができ，教師自身の授業力の向上へとつながる。教師は，授業デザインにより効果的なアクティビティを創造し，授業実践し，授業後には授業評価により省察して授業を改善していくといった一連の「授業デザインを基盤とする授業改善・創造モデル」（吉崎，2008）を実践していかなければならない。

　アクティブ・ラーニングの視点に立った参加型授業における授業改善では，

アクティビティが鍵となり，アクティビティを導入してどう授業設計するのか，そして，授業実践をして授業改善のためにどのように授業を評価するのかが課題となる．吉崎（2012a）は，教育工学的アプローチによる授業研究の特徴を，「システムズ・アプローチやアクション・リサーチなどの方法をとりながら，授業を多様な構成要素からなる一つのシステムとみなして，PDCAのサイクルを通して授業改善を行うことにある」としている．三上（2000）は，アクション・リサーチの定義について「授業内における様々な問題を解決するために，教師自らが中心となって，その授業に関するデータを収集・分析し，その問題の解決策を導き出していく研究方法」としている．アクション・リサーチは，授業者自らが授業を省察して問題を明らかにし，授業改善のために研究していくことに特徴がある．秋田（2005）は，学校におけるアクション・リサーチには単独研究，共同研究，集団での大きな地域プロジェクト研究などがあり，「実践者の主観的な一次的経験が事例として記述探究されることで抽象化が起き，さらにその事例から二次的な経験として，ほかの共同研究者のあいだでその事例が共有され代理的に経験され，その経験のなかに意味や価値を見いだしていく探究のコミュニティができていくような教師間あるいは教師と研究者のつながりの形成も，教育のアクション・リサーチの重要な研究評価の視点」としている．

しかしながら，小中学校に比べて高校の授業研究は低調であることが指摘されている（山室・久保田，2010）．さらに，家庭科は，授業時数が少ないため教員一人体制の学校が多く，高校家庭科教員の授業研究に関する実態調査では，「校内で授業研究が定期的にある」は30.6％にとどまり，「一人教科は校内授業研究が参考にならない」「家庭科が毎回あるわけではない」といった課題が挙げられており，高校家庭科における校内での授業研究の困難さが指摘されている（本書第2章参照）．アクション・リサーチには学校内で共同研究する方法もあるが，多くの学校で家庭科教員が一人しかいないことから，授業者が一人でも実践できるアクション・リサーチが必要と考える．

家庭科におけるアクション・リサーチの研究について，上野（2003）は，日本家庭科教育学会誌にアクション・リサーチという設定で行われた授業研究報告が掲載されておらず，これまでの授業研究では，学習者の学習向上を捉える

際，授業研究の主体である授業者や研究者の視点から授業実践の過程を報告するということは少なかったことを指摘している。また，生活課題解決能力を育成するための学習方法として問題解決的な学習の充実が求められているが，生活課題解決能力を育成するための授業デザインの手法も確立されているとはいいがたい。新学習指導要領では，アクティブ・ラーニングが導入されることに鑑み，アクティビティを中心に捉えた授業デザイン・授業評価・授業改善の手法を検討することが求められる。そこで，本研究では，①生活課題解決能力を育成するための授業デザイン，②生活課題解決能力を育成するための授業評価・改善を，授業分析を踏まえながら実証的に検討する。さらに，③アクティビティを中心にしたアクション・リサーチを検討し，一人でも実践できるアクション・リサーチモデルを作成することを目的とする。

2. 本研究の構成と計画

　本研究の構成と計画を図序-2 に示す。
　第1章においては，生活課題解決能力を育成するための基礎的研究として，家庭科で育成する生活課題解決能力について先行研究から経緯を整理し，生活課題解決能力を育成するとはどういうことかを具体的に述べる。さらに，社会の変化に対応し，生涯を通してよりよく生きるために家庭科で育成したい生活課題解決能力について，小学校・中学校・高等学校の発達段階で検討する。そして，これまでの家庭科教育における授業研究の動向について日本家庭科教育学会誌における授業研究論文を中心に検討するとともに，家庭科の授業実践事例から生活課題解決能力を育成するための問題解決的な学習で用いられるアクティビティを整理する。さらに，本研究において提案する「①生活課題解決能力を育成するための授業デザインモデル」「②生活課題解決能力を育成するための授業評価・改善モデル」について解説する。
　第2章においては，家庭科教員の生活課題解決能力を育成する授業の実態を把握するために，授業研究が低調で課題が多いと推察される高校家庭科教員に対し，授業デザインと授業改善に関する実態調査を実施し，現状と課題を検討する。
　第3章においては，①生活課題解決能力を育成するための授業デザインの実証的研究について，第1節から第3節では高校における様々な生活課題［第1節：福祉生活課題（障害者福祉），第2節：食生活課題（生活活動と食事のバランス），第3節：消費生活課題（一人暮らしの家計管理）］を解決する能力を育成するための授業実践を分析して，アクティビティからみた学習効果を検証する。第4節では，授業コンサルテーションとしてかかわった小学生の消費生活分野の授業実践（お小遣いでの買い物シミュレーション）を分析して，小学生の消費生活課題解決を育成する授業デザインを検討し，授業の再構成と理論化を試みる。
　第4章においては，②生活課題解決能力を育成するための授業評価・改善について実証的に検討する。第1節では，主体的に学ぶ家庭科の授業設計につい

```
                    序章
                    生活課題解決能力を育成することの必要性
                              │
                              ▼
┌─────────┬─────────────────────────────────────────────────┐
│         │  第1章                      第2章                │
│ 基礎的・ │  生活課題解決能力を育成するた  高校家庭科における授業デザイ │
│ 記述的研究│  めの基礎的・記述的研究        ンと授業評価に関する実態調査 │
│         │                              からみる現状と課題            │
└─────────┴─────────────────────────────────────────────────┘
                              │
                              ▼
┌─────────┬─────────────────────────────────────────────────┐
│         │  第3章                      第4章                │
│         │  生活課題解決能力を育成する授  生活課題解決能力を育成する授  │
│         │  業デザイン                   業評価・改善                  │
│         │    第1節 福祉生活課題解決      第1節 生活課題解決能力      │
│         │    能力を育成する授業          を育成する授業における       │
│         │                              授業評価と省察の必要性        │
│ 実証的研究│    第2節 食生活課題解決能     第2節 福祉生活課題解決      │
│         │    力を育成する授業            能力を育成する授業の評価・   │
│         │                              改善                         │
│         │    第3節 消費生活課題解決      第3節 生活課題解決能力      │
│         │    能力を育成する授業          を育成する授業デザインと     │
│         │                              授業評価・改善モデルによ     │
│         │    第4節 小学生の消費生活      るアクション・リサーチ       │
│         │    課題解決能力を育成する授業                              │
└─────────┴─────────────────────────────────────────────────┘
                              │
                              ▼
                    終章
                    生活課題解決能力を育成する授業デザインと授業評価・
                    改善モデルにおける今後の研究課題
```

図序-2　本研究の構成

て，学習形態，教材，教師の違いから授業を分析し，授業効果を検討するとともに，授業を改善する上での省察の意義を明らかにする。第2節では，第3章第1節の障害者福祉の授業について，課題を基に改善した福祉課題解決能力を育成するための授業実践を分析して，改善後に導入したアクティビティの効果から授業評価を行うとともに，学習者の思考の変容プロセスを明らかにする。第3節では，③アクティビティを中心に捉えたアクション・リサーチについて，高齢者介護における福祉生活課題解決能力を育成するために開発したアクティビティを導入し，高校教員が授業設計して実践し，授業者が一人で授業評価・改善するアクション・リサーチの効果を検討する。

　終章においては，「生活課題解決能力を育成する授業デザインと授業評価・改善に関するモデル」について，本研究で得られた知見を基に効果と今後の課題について考察する。

第 1 章

生活課題解決能力を育成するための基礎的・記述的研究

第1節　家庭科で育成する生活課題解決能力

1　生活課題解決能力の育成における問題解決的な学習の位置づけ

　家庭科における生活課題解決能力の重要性については，赤井（1985）が家庭科で育てたい能力として，「家庭生活の課題を把握する能力」と「家庭生活の課題を解決していく能力」を取り上げている。中間（1991）は，家庭科の学力構造について，「現在の生活を営む能力と将来の生活を創造していくことのできる生活課題解決能力の基礎部分としての問題解決能力を育成する」としている。

　家庭科は「よりよく生きるために学ぶ教科」であり，第2次世界大戦後の1947年学習指導要領で新設教科として「家庭科」が誕生した当初から，学習指導要領における家庭科の目標には，一貫して「家庭生活の充実向上」「生活をよりよくしようとする」ということが挙げられている。しかしながら，「生活課題解決能力の育成」が家庭科の学習指導要領で具体的に言及されたのは，1998年の教育課程審議会答申で「生きる力」を育成することを基本的なねらいとして改訂が提言されてからである。同年の学習指導要領改訂では，「生活を営む能力を育てるため，自ら課題を見いだし解決を図る問題解決的な学習の充実を図る」とある。さらに，2008年の中央教育審議会答申で，我が国の児童生徒の課題として知識・技術の活用力に問題があることが指摘されたことから，家庭科の同年の学習指導要領改訂における改善の基本方針として「知識と技術などを活用して，学習や実際の生活において課題を発見し解決できる能力を育成するために，自ら課題を見いだし解決を図る問題解決的な学習をより一層充実する」ことが明記された（文部科学省，2008a）。以来，家庭科は生活課題解決能力を育成することを目指し，それを育成するための学習方法としての問題解決的な学習の位置づけが明確化された。

2　問題解決能力と意思決定

　家庭科で育成する生活課題解決能力とは，どのような力なのか。人は日々，様々な生活問題を抱え，解決しながら生きている。課題とは，解決しなければならない問題のことであり，直面する様々な生活問題の中からよりよく生活するために，解決すべき課題を自ら発見し優先順位をつけて問題解決をしている。生活課題解決能力は，実生活における解決すべき問題（課題）を解決する問題解決能力ともいえる。2008年中学校学習指導要領解説技術・家庭編では，問題解決能力について，将来にわたって変化し続ける社会に主体的に対応していくために「生活を営む上で生じる課題に対して，自分なりの判断をして課題を解決することができる能力」としている。つまり，問題解決能力は，生活において課題を判断する意思決定能力と解決する実践力に置き換えることもできる。

　意思決定能力について国際的視点からみると，アメリカのE・H・リチャーズが著書 *Euthenics*（1910年）において，すでに生活における価値判断や意思決定に関する内容を論じており，この能力育成の重要性は，家政学や家庭科教育学の分野で早くから注目され，今日的理論の一つとして存在している（佐藤,2009）。アメリカの家庭科の教科書『ティーン・ガイド』（チェンバレン,1992）や消費者教育の教科書『賢い消費者』（ボニス,バニスター,1998）には，意思決定のプロセスが具体的に挙げられている。同書では，意思決定のプロセスは，「段階1：目標を定め，問題を明確にする，段階2：情報を集める，段階3：選択肢を考える，段階4：結論を検討する，段階5：意思決定し，行動する，段階6：意思決定を評価する」として，意思決定し問題解決した結果を評価することが重視されている。さらに，問題解決するために役立つものすべてを資源といい，資源の利用の重要性にも触れている。

　日本では，日本家庭科教育学会編『家庭科21世紀プラン』（1997）の中で，家庭科教育でつけたい能力として意思決定能力の育成が挙げられている。佐藤（2009）は，家庭科で目指す人間形成について，「人間として生きる力の総合的な資質の育成であり，そのためには総合的な生活環境・生活文化をより良く創造できる人間の育成を目指す」とし，そのために必要な主たる能力が「適切な価値判断に基づく意思決定能力」であるとして，意思決定能力を家庭科で育成

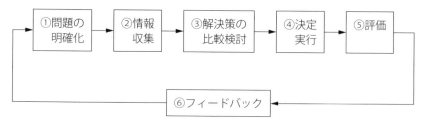

図1-1　意思決定のプロセス

すべき中心的課題と捉えている。

　家庭科の学習指導要領に「意思決定」が具体的に登場するのは1999年の学習指導要領改訂で，高校家庭科における消費生活分野の内容項目に「消費行動と意思決定」が取り上げられている。現行の中学校と高校の家庭科教科書においても意思決定は消費生活分野で取り上げられ，出版社により若干違いがあるものの，図1-1のような意思決定のプロセスが示されている。現代の消費社会では，消費生活問題解決のため，人々は日々，意思決定をして消費行動を実践し生活をしている。たとえば購入選択では，①問題を明確化して，②活用できる生活資源の情報を収集し，③いくつかの解決策を予想して比較検討し，④意思決定した解決策を実行し，実行後，⑤良かったか悪かったかを評価し，⑥次回の同様なケースの意思決定時にフィードバックして，よりよい意思決定ができるようになる。⑤評価や⑥フィードバックをしないと，購入の失敗を繰り返したり，場合によっては家計管理が困難になったり，多重債務に陥ることになる（野中，2016a）。

3　問題解決のための生活資源の活用

　人は，日々あらゆる場面で生活問題を解決しながら生活しているわけであるが，解決するためには様々な生活資源を活用する。問題解決に役立つものすべてを資源といい，よりよく生活するためには，生活資源を有効に活用する必要がある。生活資源については，前述のアメリカの家庭科の教科書『ティーン・ガイド』（チェンバレン，1992）では，資源として物，能力，人，環境，時間，

表1-1　生活資源

要素	内容
①金銭	収入，預貯金などの金銭，使うことが可能な金銭
②生活時間	自由に過ごせる時間，仕事（学校）の時間，家族の会話時間など
③生活空間	場所，家庭，学校，職場，地域，店，会場，国，世界など
④人間関係	友人関係，親子関係，夫婦関係，地域や職場の人との関係など
⑤もの	食物，被服，物品，道具，設備など
⑥能力（自分）	生活を送る上での能力（健康，体力，家事能力，仕事能力，情報活用力など）

出所：野中（2016a），p. 67.

お金などが挙げられている。

　表1-1は，生活資源の要素と内容を具体的に示している。生活問題を解決するためにはお金や人を必要とすることが多いが，活用できるお金は自分で稼いだ収入や預貯金など使用可能な金銭であり，人に協力を依頼するためには人間関係が日頃から形成されている必要がある。つまり，活用できる資源をどれだけ持っているかによって，よりよい問題解決につながるかどうかが変わってくる。そして，生活問題を解決する上で最も大切なのは，自分の能力資源である。問題を解決するのは自分自身であり，判断し実践する能力があるか，持っている知識や生活スキルによって解決策に差が生じる。たとえば，生きる上で必ず解決しなければならない食生活課題において，「食事を作る」という家事能力がなければ，自炊という解決策は挙がってこない。また，情報社会の今日では，情報活用力がなければ問題解決策が狭まる可能性が大きい。家庭科では，よりよく生きていくために，生活資源として最も重要な自分の能力資源である「生活スキル」を高めて実践力を向上させることが教科の目標であるともいえる。

4　家庭科で育成したい生活問題解決スキルと問題解決的な学習

　「生活スキル」は「ライフスキル」と同義であり，ライフスキルについて，WHO（世界保健機関）は「青少年の健康教育において，日常生活で生じる問題に健康的で建設的に，且つ効果的に対応するために必要な能力」としている

(WHO編,1997)。内藤(2002)は,ライフスキルを「生活の科学や生活価値に支えられた実践的な生活経営・生活問題解決能力」と定義している。つまり,ライフスキルは生活問題解決スキルとも表現でき,中間(2004)は,家庭科で育成する生活問題解決スキルとして,表1-2に示すように,自分自身の問題を解決するための「自己管理スキル」,人と他者・社会との関係における問題を解決する「人間関係スキル」,人と物・自然との関係における問題を解決する「対物関係スキル」,人と生活情報との関係における問題を解決する「意思決定スキル」を挙げている。これらの生活問題解決スキルは,「生活の科学的認識」「生活技術」「生活の価値認識」に支えられて実践につながる。

　生活問題解決スキルとは,まさに家庭科の学習指導要領で目指している生活課題解決能力であり,それを育成するための学習指導方法は問題解決的な学習であると明文化されているのは,前述の通りである。しかしながら,家庭科の限られた授業時間の中で,生活経験が乏しい子どもたちに対して「生活技術(できる)」までを達成することはおよそ困難である。それでは,授業では何を

表1-2　家庭科で育成する生活問題解決スキル

	生活の科学的認識 (知る・わかる)	生活技術 (できる)	生活の価値認識 (気付く)
自己管理スキル	生活と時間・空間・金銭・健康との関わりの認識	時間管理スキル 空間管理スキル 金銭管理スキル 健康管理スキル	時間・空間・金銭・健康の価値認識
人間関係スキル	個人・家族・地域社会の人間関係のしくみの認識	説明・交渉スキル 親和感表出スキル 協働スキル サポートスキル	個人・家族・地域社会の人間関係の価値認識
対物関係スキル	衣食住,エネルギー,資源の科学的性質の認識,資源循環のしくみの認識	衣食住,エネルギー・資源の 製作スキル 活用スキル 整備スキル 処分スキル	衣食住,エネルギー,資源の価値認識
意思決定スキル	生活と情報との関わりの認識	情報収集スキル 推論・批判スキル 判断・決定スキル 評価スキル	意思決定の価値認識

出所:中間(2004),p.62.

目指すのか。

　2008年中学校学習指導要領解説技術・家庭編では，問題解決的な学習について，「課題を解決する時には，課題解決の根拠となる価値判断の基準が重要であるので，生徒が個々の課題に直面した時のよりどころとなる価値観を育成することが重要である」，さらに，「その際，個人の生活の範囲だけで基準を設定するのではなく，自分の生活の在り方が地域の人々の生活あるいは地球規模での視点から，どのような意味を持つのかを見きわめることができるようにする」とある。つまり，問題解決的な学習では，表1-2で示されている「生活の価値認識」に気付くことが重要で，生活のよりどころとなる価値観（価値判断の基準）を育成するのである。そして，その価値観は，家庭科が目指す「人との共生」「自然環境との共生」の視点を養い，ひいては他ならぬ市民性の育成につながるものである。

5　解決すべき生活問題のレベル

　解決すべき生活問題のレベルについて，中間（2004）は，レベル1「個人の生活問題」，レベル2「家族や地域社会の人々との生活問題」，レベル3「社会システムにおける生活問題」の3段階で示している。表1-3は，その解決すべき生活問題のレベルについて家庭科で扱う内容を検討し，さらに小・中・高校の学習指導要領における家庭科の目標と扱われている内容から，発達段階による違いを一覧に示したものである。

　レベル1「個人の生活問題」は，人が生きていくために日々解決しなければならない衣食住や消費生活などの問題であり，家庭科では自立して生活を営むことができるために必要な知識や技術を習得する。発達段階でみれば，小学校では「身近な日常生活」，中学校では「生活の自立」，高校では「生涯にわたる」必要な知識・技術を身につけることを目指している。たとえば，食生活でみると，小学校では日常の食事として1食分の献立，中学校では食生活の自立のため栄養バランスを考えた1日分の献立，高校では，乳児から高齢期まですべてのライフステージにおいて健康に生きるための食生活管理能力を養う。また，高校では，自分の生涯を見通して生活設計を立てることによって，よりよ

表1-3 解決すべき生活問題のレベルと家庭科で扱う内容

レベル	生活問題	実践・行為	家庭科で扱う内容	学習指導要領における小・中・高校の家庭科の目標と扱われている内容（内容項目）
1	個人の生活問題	手段的実践・技術的行為	生活を自立して営むための衣食住，消費生活などの知識・技術，生活設計	小：身近な日常生活に必要な基礎的・基本的知識・技能 （日常の食事と調理の基礎）（快適な衣服と住まい）（物や金銭の使い方と買い物） 中：生活の自立に必要な基礎的・基本的な知識および技術 （食生活の自立）（衣生活・住生活の自立）（家庭生活と消費） 高：人間の生涯にわたる生活に必要な知識・技術 （生活の科学）（生涯を見通した経済の計画）（生涯の生活設計）
2	家族や地域社会の人々の生活問題	相互作用的実践・コミュニケーション的行為	家族，地域コミュニティ，保育，高齢者，障害者	小：家族の一員として生活をよりよくしようとする （家庭生活と仕事）（家族や近隣の人々とのかかわり） 中：家庭の機能について理解，課題をもって生活をよりよくしようとする （家庭と家族関係）（幼児の生活と家族） 高：家族・家庭と社会とのかかわりについて理解，男女が協力して主体的に家庭や地域の生活を創造する （家族・家庭と社会）（子どもの発達と保育）（高齢者の生活と福祉）
3	社会システムにおける生活問題	内省的実践・解放的行為	環境問題，消費者問題，福祉問題，労働問題，少子高齢化，シチズンシップ	小・中：（環境に配慮した生活の工夫） 中・高：（消費者の権利と責任） 高：（持続可能な社会を目指したライフスタイルの確立） 高：男女が協力して主体的に家庭や地域の生活を創造する （男女共同参画社会）（共生社会と福祉）

出所：「レベル」「生活問題」「実践・行為」は，中間（2004），p.9より引用。

く生きるために解決すべき課題について考えさせる。

　レベル2「家族や地域社会の人々の生活問題」は，家庭科が目指す「自立」と「共生」における「人との共生」のために解決しなければならない生活問題である。人は一人では生きてはいけず，よりよく生活するためには，自分を取り巻く家族や地域社会の人々とコミュニケーションをとって相互作用的にかかわりながら，共に生きることが必要となる。発達段階からみた家庭科の目標では，小学校では「家族の一員として生活をよりよくしようとする」，中学校では「家庭の機能について理解」「課題をもって生活をよりよくしようとする」，高校では「家族・家庭と社会とのかかわりについて理解」「男女が協力して主体的に家庭や地域の生活を創造する」実践力の育成を目指している。コミュニケーションスキルには，言語によるコミュニケーションスキルと行為によるコミュニケーションスキルがある（中間編，2004）。家庭科では，言語によるコミュニケーションスキルだけでなく，共同，協働，支援といった行為によるコミュニケーションスキルを学び実践力を養うことに重点が置かれている。そのため，小学校では，家庭生活の仕事や近隣の人々とかかわる活動を実践させ，中学校では保育園や幼稚園を訪問して行う幼児ふれあい体験，高校では，さらに高齢者や障害者について学習し，高齢者とのふれあいや交流などの体験的な学習を取り入れることが求められている。

　レベル3の「社会システムにおける生活問題」は，個人のレベル，家族や地域社会のレベルでは解決することが難しい生活問題である。なぜ問題が生じ解決が困難なのかを考え，現状の社会システムに対する批判的思考を養い，さらに解決するために自分はどうすればよいのかという内省的実践・解放的行為を目指す。たとえば，環境問題や消費者問題は社会全体，地球規模で考える必要があり，国際消費者機構では，消費者の責任として，消費行動が社会や環境に与える影響を理解して行動する責任を挙げている。2012年に施行された消費者教育推進法では，消費者教育を，消費者が主体的に消費者市民社会の形成に参画するための教育としている。学校教育において消費者教育を中心的に行っているのは家庭科であり，小・中・高校の発達段階に応じた学習を通して消費者市民を育成することが求められている。また，高校では，男女共同参画社会の推進に向けて，男女が協力して主体的に家庭や地域の生活を創造する能力と

実践的態度を育てることが目標となっている。そのため，これからの社会を担う高校生に対しては少子高齢化問題，労働問題，福祉問題などを取り上げ，自らのかかわりと社会システムへの批判的思考を養い，問題解決について考えさせたい。

　学校における消費者教育については，現在，家庭科と中学校の社会科の公民分野・高校の公民科が中心になって実施している。社会科・公民科では，持続可能な社会を形成するという観点から，よりよい社会を築くために解決すべき課題を探究する活動を通して消費者市民を育成することが求められている（野中，2016a）。レベル3の社会システムにおける生活問題では市民性を養うことを目指しているため，家庭科と社会科・公民科は目標を共有しているといえる。しかしながら，シチズンシップ教育における社会科と家庭科の特性を比較して，荒井（2015）は，社会科は社会認識の形成を図るという共通基盤の上で，仮想の状況設定のもとでの批判的討議や間接的な参加学習を基本としながら，思考力や判断力を鍛え，市民的資質を鍛えるという教科の特性があるのに対して，家庭科は，「実践」「問題解決」を直截的に掲げ，知識を伴う実践を導き出す学習活動を通して，行為主体としての子どもの自由な感性と行動を下支えするという特性を持つと，両教科の違いを挙げている。そのため，荒井（2015）は，家庭科における探究や問題解決学習は，子ども自らの「行為」を引き出す学習として，そのプロセスにおける生徒の気付きや思考，表現としてのつぶやきをすくいとり，知識やスキルによって思考の深まりをつなぐようデザインされる必要性を指摘している。

6　問題解決的な学習で活用される学習方法

　生活課題解決的能力を育成するためには，授業を問題解決的な学習になるように設計する必要がある。中間（2011）は，「問題解決的な学習を特徴とする家庭科の学習においては，行動の変容をねらう主体的な学習方法であるアクション志向学習が効果的である」としている。アメリカの家庭科教育では，アクション志向学習方略として様々なアクティビティが用いられており，学習を成立させるためには学習者のアクティブな参加を必要とする（ヒッチ，ユアット，

2005)。つまり，問題解決的な学習を成立させるためには，講義形式の一斉授業ではなく，必ず何らかのアクティビティを導入しなければならない。

表1-4では，家庭科の問題解決的な学習で活用されるアクティビティについてまとめている。共同思考学習法は，参加型学習の基礎となるアクティビティである。ゲームやインタビューは問題への動機付けに用いられることが多く，ブレーンストーミングやKJ法（川喜田，1984）は，ワークショップなどにおいて共同で問題解決を考える上で用いられる。これらのアクティビティは，現実の問題解決にも想定事例の問題解決にもいずれも活用が可能である。

想定事例についての問題解決学習で用いられているアクティビティは，現実の問題を疑似的に解決する，まさに問題解決的な学習で活用される。家庭科で扱う内容は，家庭生活に関わる問題であるため，現実の問題を扱うには配慮が必要なことが多く，また，限られた授業時間で問題解決することは困難である。そのため，指導者が様々なアクティビティを導入して，学習者が課題を見いだし，問題解決する活動を通して，実際に課題に直面したときのよりどころとなる価値観や解決する生活スキルを養う。

現実問題についての問題解決学習で用いられているアクティビティは本来，家庭科で目指したい現実の問題解決学習である。そのため，高校家庭科では，ホームプロジェクトと学校家庭クラブを実践することが学習指導要領に明記され，中学校においても，2008年中学校学習指導要領改訂で「生活の課題と実践」の内容項目が加わり，家庭科での学びを実生活に活用して問題解決することが求められている。

表 1-4　問題解決的な学習で活用されるアクティビティ

共同思考学習法	
①ブレーンストーミング	自由な発想で討議し，創造的に問題解決する能力を養う手法。グループ討議
②ゲーム（クイズ，カード，ビンゴ，人生すごろく，ダイヤモンドランキングなど）	学習者の参加により動機付け，自己表現能力の向上。生活問題解決のための論理的・客観的整理に役立つ
③インタビュー	家族や地域の人々へのインタビューにより，人々の意見や生活実態や問題を把握する
④KJ法	集団で創造的に問題解決を図っていこうとする ラベル→グルーピング→表札作り→図解化（→文章化）
想定事例についての問題解決学習（問題解決的な学習）	
①ロールプレイ	現実の問題を模擬的に演ずることによって，問題の状況を再生し，現実の生活に自らを映し出して問題解決の能力を養う
②ソシオドラマ（社会劇）	ドラマの進行過程の中で問題の自覚をし，生活への対応能力を開発する
③ケーススタディ	事例を提示して，問題を自覚し，その解決方法を考えるプロセスを通して問題解決能力を養う プロセス：問題確認→可能な解決法の列挙→解決法の結果の予測
④ディベート	あるテーマについて相反する2組が，一定のルールに従って討論を行い，主張の論理性や実証性を競って，問題における論理的思考力を養う
⑤シミュレーション	生活問題の過程について操作モデルを作成し，それを疑似的に提示して，生活問題に対応する意思決定能力を養う
⑥疑似体験	高齢者，障害者，妊婦などになった体験をして，対象者の気持ちや問題を推察する
⑦実験・実習	科学的根拠の理解や，生活技能の取得，基礎技能を活用して問題解決をする
現実問題についての問題解決学習	
①ホームプロジェクト	学習者の生活実践。個人で，家庭や地域で問題解決を行う
②フィールドワーク（現地調査）	地域社会に出て，現地調査を行う。地域の問題を発見する
③学校家庭クラブ，ワークショップ，プロジェクト学習	共同活動。地域の問題を解決するための方法を意見交換し，解決のための活動を実践する

出所：中間編（2006），廣瀬他（2000）から抜粋して主なアクティビティをまとめた。

第2節　家庭科教育における授業研究の動向

1　家庭科教育における授業研究の動向

（1）1960年から2009年の動向

　日本家庭科教育学会誌における授業研究の動向については，桑畑・石橋（2002）が1960年から1999年の学会誌掲載論文から授業を分析した論文を取り出して，授業分析の動向を明らかにしている。授業を分析した論文数は，60年代7編，70年代15編，80年代29編，90年代36編の計87編で，年代ごとに増加している。87編の分析対象の授業内容は，食物が34編，被服が24編で，2つの領域で66.7％を占めている。授業分析の方法としては，70年代から90年代前半にかけて授業を量的に分析する傾向にあったが，90年代後半にその傾向が弱まり，質的に分析する傾向に変化しつつあることを明らかにしている。さらに，授業を分析した着眼点について，87編のうち，学習指導法が74編，学習内容が19編，履修形態が2編で，履修形態の面から授業を分析した論文がほとんどないことを課題として挙げている。

　伊藤他（2003）は，学会誌の1960年から1999年に掲載された授業研究の論文82編を抽出して，授業研究における課題を分析している。授業研究における課題の設定について，「①教材に関する課題」「②子どもに関する課題」「③その他」の3つに分類し，「①教材に関する課題」を，どのような題材がよいかという「教育内容」と，どのように教えればよいかという「教育方法」に分け，さらに，「教育方法」を「指導方法」「教材開発」に分類し，「その他」を「授業者」「分析方法」として分類している。82編の授業研究論文のうち，授業研究における課題で分類できた79編を分析した結果，「①教材に関する課題」が60編で75.9％を占め，内訳は「教育内容」10編，「教育方法」の「指導方法」29編，「教材開発」21編となっている。「②子どもに関する課題」は

16編（20.3％），「③その他」3編（3.8％）のうち教師に関する課題「授業者」の設定は1編しかない。これらの結果から，子どもや教師に関する課題が実際の授業を通して研究されることは少なく，これまでの授業研究の大半が「教育内容」「教育方法」等の教材という要素に関連して課題を設定してきたことを明らかにしている。そして，授業研究において，授業展開にそって授業の様子を記述した論文は，82編中13編（15.9％）にとどまり，授業の効果・工夫を実際の授業の文脈と関連づけて捉えてこなかったことを問題点として挙げている。

　伊深他（2013）は，2000年から2009年の学会誌に掲載された授業研究論文を抽出して授業研究の動向を明らかにしている。2000年代の学会誌における授業研究の論文数は43編で，90年代よりもさらに授業研究論文が増加している。そして，2000年代の授業研究論文の特徴として，多様なデータを収集して分析検討されるようになってきたこと，なかでも対象授業において学習者が記述した授業の記録などをデータとして分析するようになったことを明らかにしている。2000年代の授業研究では，1990年代からみられた仮説検証型の量的研究方法から仮説生成型の質的研究方法への移行がさらに進み，「子どもたちの学び」を捉えようとする質的研究が増え，論文としての客観性を保証するために質的研究と量的研究を組み合わせた授業研究が行われている。そして，これからの授業研究の課題として，質的・量的研究方法を組み合わせて客観性を保証しようとする授業研究において，教師や観察者による主観的になることを恐れない授業研究の方法を探ることを挙げ，学習者の視点からだけでなく，教師の視点から授業を分析することも重要であるとしている。

　また，上野（2003）は，日本家庭科教育学会誌にアクション・リサーチという設定で行われた授業研究報告が掲載されておらず，これまでの授業研究では，学習者の学習向上を捉える際，授業研究の主体である授業者や研究者の視点から授業実践の過程を報告することが少なかったことを指摘している。そして，家庭科教育学研究におけるアクション・リサーチを「研究者や教育実践者（授業者）が協力し家庭科教育実践の改善を目指すため，計画，実践，観察，反省の4つの段階をスパイラル状に繰り返す過程で行われる質的研究を中心とした研究スタイルである」と捉え，アクション・リサーチによる授業研究を行うことで家庭科教育が発展することを期待している。

（2）2010年から2016年の動向

　日本家庭科教育学会誌における2010年以降の授業研究の動向については，現在のところまだ分析されていない。そこで，同誌の2010年（第53巻1号）から2016年（第58巻4号）に掲載された，小・中・高校において授業実践を分析した授業研究論文30編を抽出して研究動向を分析した。

❶分析対象の授業が実施された校種

　表1-5は，30編の授業研究論文において分析対象の授業が実施された校種を示している。中学校が13編で最も多く43.3％を占めている。次いで小学校の10編（33.3％）で，高校が8編（26.7％）で最も少ない。家庭科の授業研究が実施された校種については，1994年に高校家庭科がそれまでの女子のみ必修から男女必修になったことから，1990年代には男女共学にふさわしい授業づくりが課題とされて，高校の授業研究が36.0％を占め，全校種の中で最も多くなったことが桑畑・石橋（2002）の調査で明らかになっている。男女必修から20年が経過して男女共学が定着し，男女共学のための授業における課題は解消されたと考えられる。さらに，2003年から高校家庭科に2単位科目の「家庭基礎」が導入されたことにより，履修単位数はそれまでの4単位必修から，4単位または2単位の選択必修となった。野中他（2011）による全国的な教育課程調査から，それに伴う高校家庭科の履修環境の悪化が明らかになっており，高校における授業時数の削減と教員配置の悪化が，2010年代に高校の授業研究が減少した要因として示唆される。

　また，2010年代の授業研究の特徴として，附属校で教育実習を行った大学生の授業研究論文が3編あった。授業が実施された校種は小・中学校であるが，

表1-5　日本家庭科教育学会誌（2010～2016年）掲載論文において分析対象の授業が実施された校種（n=30編）

	小	中	高	（大）
編	10	13	8	（3）
％	33.3	43.3	26.7	（10.0）

注）（大）（3）は，教育実習生が附属小・附属中で実施した授業論文。小・中・高の論文合計が31編なのは，小・中で実施した論文が1編あったことによる。

教育実習は大学生の授業の一貫として教員養成のために授業研究されているため，校種に大学（3）として示している。本調査では，大学で実施された授業研究を対象としなかったが，授業力のある教師を育成するという教員養成における課題から，大学の授業で実施した学生の模擬授業を分析した授業研究が他に2編あった。

❷授業研究における課題設定

稲垣・佐藤（1996）は，授業研究の課題領域として「教師」「子ども」「教材」「環境」の4つを挙げている。前述の桑畑・石橋（2002）は，授業を分析した着眼点を「学習指導法」「学習内容」「履修形態」とし，これら3つの分類項目で分析している。本調査では，授業研究における課題の設定を，「①教材に関する課題」「②子どもに関する課題」「③その他」の3つに分類し，そのうち「①教材に関する課題」を「教育内容」と「教育方法」に分け，さらに「教育方法」を「指導方法」「教材開発」に分類するという，伊藤他（2003）の設定分類を踏襲し，「③その他」の分類項目「授業者」「分析方法」に「履修形態」を加えて分析した。

表1-6は，2010年代の30編の授業研究論文における課題設定を上記の分類により示したものである。「①教材に関する課題」が16編（53.3％）で最も多く，「②子どもに関する課題」7編（23.3％），「③その他」7編（23.3％）だった。伊深他（2013）が2000年から2009年に学会誌に掲載された授業研究論文43編を抽出して分析した授業研究の動向では，「①教材に関する課題」30編（69.8％），「②子どもに関する課題」11編（25.6％），「③その他」2編（4.7％）であり，「①教材に関する課題」が2000年代に比べて2010年代は減少している。内訳でみると「②子どもに関する課題」における「子どもの資質」（生徒の教育経験や知識・技術の差異等による課題）は，2000年代は0編であったが2010年代は2編と増加している。「③その他」の増加については，「授業者」を課題とした論文が2000年代の2編に対して，2010年代は4編と増加したことが大きい。しかしながら2010年代の「授業者」を課題とした4編のうち3編が教育実習生の授業力育成のための授業研究となっており，授業者である教師を課題とした授業研究が進んだとはいいがたい。また，「履修形態」を課題とした論文も1編

表1-6　日本家庭科教育学会誌（2010～2016年）における授業研究における課題設定（n=30編）

		編	%	編	%
①教材に関する課題	教育内容	4	13.3	16	53.3
	指導方法	5	16.7		
	教材開発	7	23.3		
②子どもに関する課題	子どもの資質	2	6.7	7	23.3
	子どもの言動	1	3.3		
	授業における子どもの認知過程	4	13.3		
③その他	授業者	4（3）	13.3	7	23.3
	分析方法	2	6.7		
	履修形態	1	3.3		

注）③その他の「授業者4（3）」は，4編のうち3編が教育実習生の研究であることを示している。

にとどまり，桑畑・石橋（2002）が指摘した履修形態の面から授業を分析した論文がほとんどないことに変わりはない。

❸授業分析の方法

　表1-7は2010年代の授業研究論文30編における分析方法，表1-8は分析に使われたツール等を示している。

　家庭科における授業研究の分析方法については，1970年代から90年代前半にかけて授業を量的に分析する傾向にあったが，先に述べたように，90年代後半にその傾向が弱まり質的に分析する傾向に変化し，2000年代には論文としての客観性を保証するために質的研究と量的研究を組み合わせた授業研究が行われていることが明らかになっている（桑畑・石橋，2002；伊深他，2013）。2010年代においてもその傾向は維持され，30編中16編の論文で質的研究と量的研究を組み合わせた授業研究が行われている。事前・事後アンケートから集団データを数量化して統計処理し比較，因子分析，パス解析等で量的分析のみで授業研究をした論文は9編であった。

　表1-8の分析に使われたツール等をみると，アンケートが14編（46.7%）で約半数を占める。事前・事後アンケートで集団のデータを数量的・統計的に分

表1-7 授業研究の分析方法
(n=30編)

	編	%
量的	9	30.0
質的	5	16.7
質的・量的	16	53.3

表1-8 授業研究の分析に使われたツール等
(n=30編)

	編	%
アンケート	14	46.7
発話・インタビュー	10	33.3
ワークシート記述内容	13	43.3
技能テスト・技能内容	4	13.3
実験群・対象群	2	6.7
授業の展開にそって授業の様子を記述	11	36.7

注）使われたツールで複数カウント。

析して授業効果を検証する方法は，家庭科の授業研究において1980年代から一貫して50％を超えており，現在も主流といえる。一方で，実験群・対象群を設定して授業を検証した論文は2編のみで，発話やインタビューのプロトコルを示して分析した論文が10編と多く，質的により授業を深く分析する傾向が強まっている。さらに，研究の対象とした授業の展開にそってその様子を記述するという，授業の実際の文脈と関連づけた論文も11編あった。

❹一人称，二人称，三人称としての授業研究

吉崎（2016）は，授業研究の特徴の検討として「一人称，二人称，三人称としての授業研究」の視点を取り入れている。一人称としての授業研究は授業者自らの授業実践における授業研究，二人称としての授業研究は授業実践者と学外の研究者と共同での授業研究，三人称としての授業研究は授業者の了解を得て第三者の立場で学外の研究者が授業研究をする。授業研究方法の特徴として，授業実践者と研究者が共同で授業を改善する二人称の授業研究は，一人称（授業者のみ）よりも客観性が高まり，三人称（第三者の立場のみ）に比べて当事者性があり，当事者性と客観性のバランスがほどほどにとれていることを特徴として挙げている。

表1-9は，2010年代の授業研究論文30編における一人称，二人称，三人称としての授業研究の分類と表1-6で示した授業研究における課題設定との関係を表している。

表1-9 一人称,二人称,三人称としての授業研究と授業研究における課題設定(n=30編)

		一人称	二人称	三人称
①教材に関する課題	教育内容		1	3
	指導方法		4	1
	教材開発		4	3
②子どもに関する課題	子どもの資質			2
	子どもの言動		1	
	授業における子どもの認知過程	3		1
③その他	授業者		1	(3)
	分析方法			2
	履修形態			1
合　計		3	11	16 (3)

注)「授業者(3)」は,教育実習生が附属小・中で実施した授業研究。

　授業者が一人称で授業研究をしている論文は3編しかない。この3編とも授業研究における課題設定は,「②子どもに関する課題」の「授業における子どもの認知過程」であった。二人称としての授業研究は11編であるが,そのうち9編の授業研究における課題設定は「①教材に関する課題」であり,研究者と授業者が共同で新しい題材や開発した教材,指導方法を実践して授業効果を検証している。

　三人称としての授業研究においても,教材に関する課題が約半数を占め,研究者が新しい題材や開発した教材,指導方法を学校現場で実践してもらい,効果を検証している。「②子どもに関する課題」における「子どもの資質」は2編であるが,1編は調理実習の観察調査から調理技能の習得(河村,2010),1編は学校生活に不適応な生徒14名を抽出して幼児とのふれあい体験学習での行動や言動を分析している(叶内・倉持,2015)。「③その他」の「授業者」においては,教育実習生の授業分析が3編,「分析方法」は,ディスコース分析(望月,2010)とナラティブ・アプローチ(伊深・野田,2012a)を検証したもの,「履修形態」の1編は実施時期における保育体験学習を検討している(立山,2013)。

　三人称としての授業研究が30編の授業研究論文の約半数を占めており,さらにその半数近くが教材に関する課題を設定している。家庭科の授業研究につ

いて，上野（2003）が日本家庭科教育学会誌にアクション・リサーチという設定で行われた授業研究報告が掲載されていないことを指摘しているが，教師である授業者に課題設定をした論文は1編（望月他，2011）のみで，課題として言語活動における教師の方略を検討しており，アクション・リサーチではない。上野（2003）は，今後，家庭科教育が発展するためにアクション・リサーチによる授業研究の必要性を指摘しているが，家庭科の授業研究において，課題を授業者に設定して一つの授業を改善していくアクション・リサーチによる授業研究を行うことが求められる。

2 授業実践からみた生活課題解決能力を育成するためのアクティビティ

家庭科の授業では，生活課題解決能力を育成するために，様々なアクティビティが導入される。前述の表1-4において問題解決的な学習で活用されるアクティビティをまとめたが，ここでは家庭科の授業実践を分析して，学習分野で導入されるアクティビティを抽出し，学習内容とアクティビティの関係を検討する。

分析対象とした授業実践は，市販されている授業実践集書籍（表1-10）から，実際に授業を行い指導案や授業実践の様子が示されている計92の授業である。

表1-11は，これら92の授業実践の学習分野において導入されたアクティビティの一覧である。それぞれの分野で，抽出頻度が高かったアクティビティを上位に並べている。

最も多様なアクティビティが導入されているのは，家族・地域分野である。家族分野では，人とのよりよいかかわり方を問題解決的に学習するため，ロールプレイ，せりふ完成法，シナリオ作成，アサーティブトレーニングといったアクティビティが導入されている。また，家族や地域の問題を知るためにインタビューやアンケート調査，調べ学習，観察が導入され，一方で，実際の家族の問題を扱うことは困難であるため，ケーススタディや新聞記事を用いた話し合いも多い。

食生活分野では，調理実習，調理実験，献立作成といった体験的・実践的な活動の他に，食生活における問題を取り上げて，調べ学習，インタビュー，イ

表1-10 分析対象とした授業実践集書籍

出版年	題名	著者	出版社
2006	北海道発　元気な家庭科の授業実践	北の家庭科を考える会	教育図書
2006	家庭科への参加型アクション志向学習の導入――22の実践を通して	中間美砂子編著	大修館書店
2007	神話の国から　鳥取・島根の家庭科実践事例集	出雲地区家庭科同好会編	教育図書
2008	小・中・高をつなげる試み　大分県の家庭科実践事例集	財津庸子他	教育図書
2009	子どもの思考を育む家庭科の授業	北陸家庭科授業実践研究会	教育図書
2009	とことん家庭科　明日につなげる授業実践	家庭科の授業を創る会	教育図書
2010	いきいき家庭科	日本家庭科教育学会中国地区会	教育図書
2011	秋田発　未来型学力をはぐくむ家庭科	秋田県家庭科教育研究会	開隆堂

メージマップ，ジグソー学習，レポート作成に取り組み，食品理解のためのカードゲーム，消費生活分野とからめて広告・表示づくりなどを行うアクティビティもみられた。その他，地域の食文化を知るため，ゲストティーチャーを招いて体験するといった授業実践もあった。

　衣生活分野では，被服実習，被服実験の他，ファッションに関わる内容でフォトランゲージ，イラスト作成といったアクティビティを導入し，消費生活にからめてランキング法，広告・カタログ・表示づくり，取扱説明書作成などを行うアクティビティが導入されていた。

　高齢者・障害者福祉では，高齢者や障害者の施設を訪問して交流，車椅子や高齢者疑似体験実習が最も多い。一方で，訪問するのは時間的にも準備も大変であることから，高齢者の特徴を理解するためにVTRなどを活用したフィルムフォーラム，写真を活用したフォトランゲージといったアクティビティも導入されている。高齢者・障害者福祉の問題解決の方法を探るため，車椅子で実際に街に出かけるフィールドワークもみられた。

　住生活では，ライフステージに応じた住居選択や住居設計，耐震の住居模型などの実習が多い。住生活は，身近であるが生徒にとってあまり意識されず知識が少ないことから，調べ学習やジグソー学習，ワークショップといったアク

表1-11　授業実践集書籍にみる学習分野における導入されたアクティビティ

家族・地域	食生活	衣生活	高齢者・障害者福祉	住生活	消費生活・環境	保育	生活設計
話し合い,討議	調理実習	被服実習	高齢者福祉関連実習・交流	住居実習	シミュレーション	保育実習・交流	フィルムフォーラム(VTR)
ロールプレイ	調理実験	話し合い,討議	フィルムフォーラム(VTR)	シミュレーション	調べ学習	インタビュー	調べ学習
せりふ完成法	調べ学習	被服実験	話し合い,討議	被服実習	話し合い,討議	ケーススタディ	インタビュー
アンケート調査	アンケート調査	フォトランゲージ	インタビュー	調べ学習	広告・カタログ・表示づくり	ロールプレイ	シミュレーション
フィルムフォーラム(VTR)	広告・カタログ・表示づくり	パソコン実習	KJ法	インタビュー	クイズ,チェックシート	フィルムフォーラム(VTR)	ライフプラン,生活設計
調理実習	献立作成	KJ法	ロールプレイング	ランキング法	インタビュー	調理実習	人生すごろく
高齢者福祉関連実習・交流	話し合い,討議	ランキング法	フィールドワーク	ジグソー学習	被服実習	シナリオ作成	
調べ学習	シミュレーション	広告・カタログ・表示づくり	アンケート調査	ワークショップ	調理実験	調べ学習	
インタビュー	カードゲーム	取り扱い説明書作成	フォトランゲージ		パソコン実習	シミュレーション	
ランキング法	イメージマップ,イメージ画	イラスト作成	ラベルトーク		ディベート	アンケート調査	
アサーティブトレーニング	パソコン実習	レポート	観察		アンケート調査		
シナリオ作成	インタビュー	イメージマップ,イメージ画	新聞づくり		新聞づくり		
観察	ジグソー学習				ケーススタディ		
新聞づくり	ハンドブックづくり				フィルムフォーラム(VTR)		
ケーススタディ	クイズ,チェックシート				プレゼンテーション		
ワークショップ	レポート				イメージマップ,イメージ画		
レポート	プレゼンテーション						
ライフプラン,生活設計	ゲストティーチャー						
イメージマップ,イメージ画							

ティビティを導入して，主体的に学習を進めながら知識を深めている。

　消費生活では，シミュレーションが最も多い。近年，金銭教育が重視されているが，実際の消費生活で実践することは困難なため，一人暮らしの家計管理やお小遣い管理，買い物選択など様々なシチュエーションを設定して問題解決的な学習で意思決定をする。自分の消費生活を振り返るチェックシートの活用や，批判的思考を養うための広告・カタログ・表示づくりなどに取り組んでいた。その他，消費生活・環境分野における問題をみつめて解決策を考えるために，調べ学習，インタビュー，ディベート，アンケート調査，新聞づくり，プレゼンテーションといった様々なアクティビティが導入されていた。

　保育分野では，学習指導要領において中学校家庭科で保育園や幼稚園を訪問して幼児とのふれあい体験を実施することが求められているため，保育実習・交流が最も多い。高校では，赤ちゃんと母親を学校に招いて交流する取り組みが多い。保育においても，近年，少子化で乳幼児とかかわる機会の少ない生徒に乳幼児とのかかわり方を学ばせるために，VTRなどを活用したフィルムフォーラム，親の立場になって考えさせるロールプレイ，シナリオ作成といったアクティビティが導入されていた。その他，子どもへの虐待や保育環境などの社会問題についての調べ学習やケーススタディを通して考えさせていた。

　生活設計は，高校家庭科の内容項目であるが，自分の生涯のライフプランや生活設計を立てる前に生涯を見通すために，フィルムフォーラムや調べ学習，インタビュー，シミュレーション，人生すごろくといったアクティビティが導入されていた。

　また，家庭科では，指導者が学習内容を組み立てて題材を選定するため，住生活と衣生活を組み合わせて授業を設計し，住生活の中で暮らしを快適にする小物づくりとして被服実習を行った事例や，保育におやつの調理実習を取り入れた事例もみられた。特に消費生活分野は，学習指導要領において他の内容項目との関連を図って題材を設定することが推奨されているため，環境に配慮した食生活，衣生活，住生活について考えさせたり，エコクッキングや室内環境の実験を導入したり，消費生活の視点を取り入れた広告・カタログ・表示づくりや購入選択の際のランキング法などのアクティビティが導入されている。

第3節　生活課題解決能力を育成する授業デザインと授業評価・改善に関するモデル

1　生活課題解決能力を育成するための授業研究の必要性

　吉崎（1991）は，授業研究の目的として，①授業改善，②教師の授業力量形成，③授業についての学問的研究（授業原理の発見と授業理論・モデルの構成），以上3つを挙げ，授業研究の教育工学的アプローチについて，「教育科学的知見あるいは教師がもっている経験的知見にもとづいて，教育効果を最大にすると予想される構成要素の組み合わせで教育実践し，それを通してさらに良い組み合わせをモデル化し，再び実践の中でその組み合わせの適切さを検討するといったように，理論（モデル）と実践とを往復するアクション・リサーチ（実践研究）の方法をとる」としている。藤江（2010）は，授業研究について「授業研究は，授業改善や児童・生徒の学力保証，教師の専門的熟達を目的とした計画的な営みであり，授業分析は現実に使用された教師や子どもの発話から，実践を再構成し，理論化をめざす営みである」としている。

　家庭科は，生活課題解決能力を育成することを目指し，それを育成するための学習方法として問題解決的な学習を充実することが学習指導要領に明記されている（文部科学省，2008b）。国立教育政策研究所（2013）は，次期教育課程の編成を見据えて，「21世紀を生き抜く力をもった市民」である日本人に求められる能力として，「思考力」「基礎力」「実践力」から構成される「21世紀型能力」を提案している。未来を創る「実践力」とは，「日常生活や社会，環境の中に問題を見つけ出し，自分の知識を総動員して，自分やコミュニティ，社会にとって価値のある解を導くことができる力，さらに解を社会に発信し協調的に吟味することを通して他者や社会の重要性を感得できる力」であるとしている。家庭科が育成する生活課題解決能力は，よりよく生きるために「自立」した個人と「共生」の価値観を礎に，生活における問題を主体的に解決する力で

あり，まさに「21世紀型能力」で求められる実践力に他ならない。そのため，生活課題解決能力を育成するために家庭科で積み重ねてきた授業実践は，21世紀型能力を育成するための人材育成に資すると考えられる。しかしながら，これまで家庭科では様々な授業実践が報告されているものの，生活課題解決能力を育成するための授業デザインの理論化やモデル化はされていない。生活課題解決能力を育成するための授業研究においては，教育工学的アプローチで実践を理論化していくことが求められる。

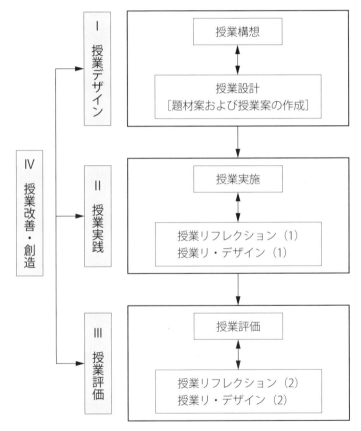

図1-2　授業デザインを基盤とする授業改善・創造モデル
出所：吉崎（2008），p. 22.
注）家庭科では単元ではなく題材を使用するため，単元案を題材案に置き換えている。

また，吉崎（2008）は，図1-2のような「授業デザイン」「授業実践」「授業評価」「授業改善・創造」からなる一連の「授業デザインを基盤とする授業改善・創造モデル」を示している。生活課題解決能力を育成するためには，教師は授業デザインで効果的なアクティビティを創造して問題解決的な学習になるよう設計し，授業実践をして，実践後に省察して授業を評価・改善をしていかなければならない。家庭科は授業時数が少ないため，多くの学校で教員が1名しかおらず，一人でも実践できるアクション・リサーチが必要である。そのために本書では，これまでの授業研究の知見に基づいた，生活課題解決能力を育成するための授業デザインと授業評価・改善モデルを提案する。

2　生活課題解決能力を育成する授業デザイン

　家庭科における問題解決的な学習のためには，指導者が題材を設定し学習過程を仕組む必要があり，指導者の授業デザインの力量にかかっている。吉崎（2008）は，授業デザインが「①授業に対する思い」「②授業の発想」「③授業の構成」「④授業で用いる教材の開発」「⑤日常生活での問題意識」の5つの構成要素で成り立つとしている。

　生活課題解決能力を育成するためには，教師は授業デザインにおいて効果的なアクティビティを創造して，問題解決的な学習になるよう設計しなければならない。問題解決的な学習では，学習者がアクティブ（活動的）に参加する参加型のアクティビティ（学習活動）が必要である。しかしながら，アクティビティは導入することが目的ではなく，目指す学習者の姿（目標）があり，アクティビティは目標に近づけるための手段に他ならない。そのため，アクティビティが意図される学習成果に向かって学習者を動かさない限りは適切とはいえず，指導者は，アクティビティの導入と評価において，そのアクティビティが意図される学習成果の水準と内容に適合しているか，また困難水準が学習者に適切かを検討する必要がある（ヒッチ，ユアット，2005）。また，自らの生活課題を発見し解決する問題解決能力（生活課題解決能力）を育成するためには，批判的思考の養成と思考の変容が必要となる。小川・長澤（2003）は，家庭科の指導における批判的思考の鍵として，学習者の自己開示と授業における問いの

あり方を挙げている。また，問題解決能力は，生活において課題を判断する意思決定能力と問題を解決する実践力であり，問題解決的な学習を通して意思決定の能力開発をすることによって，実生活で問題に直面したときの実践的態度が養われると考える。

これらの理論や授業研究を踏まえ，生活課題解決能力を育成する授業デザインについて，吉崎（2008）が示した授業デザインに当てはめて理論化を試みたのが図1-3である。生活課題解決能力を育成する授業デザインではまず，指

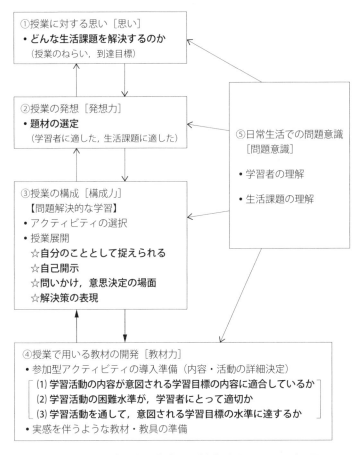

図1-3 生活課題解決能力を育成する授業デザインのモデル図
注）吉崎（2008）が示した「授業デザイン」の構成要素に当てはめて作成している。

導者が，「①授業に対する思い」で，どんな生活課題を解決するのか，授業のねらいと到達目標を定める必要がある。到達目標を設定するためには，背後として支える「⑤日常生活での問題意識」が重要で，学習者と生活課題を理解しなければならない。その上で，「②授業の発想」で，学習者に適した，生活課題に適した題材を選定する。そして，「③授業の構成」で，問題解決的な学習となるように授業を設計していくわけであるが，そうした学習の手段となる「④授業で用いる教材の開発」として，学習者が実感を伴うような参加型アクティビティの開発が必要である。

アクティビティの開発にあたっては「(1)学習目標の内容に適合しているか」「(2)困難水準が学習者にとって適切か」「(3)意図される学習目標の水準に達するか」を検討する必要がある。導入するアクティビティが決定したら，授業展開では，学習者が当事者として批判的思考を働かせながら意思決定する場面を設けることが重要である。そこでは，最初に学習者の自己開示から入ることによって与えられた課題が自分のこととして捉えられる。さらに，問題を解決していく思考の過程を可視化することによって批判的思考が養われ，自らの意識の変容に気付くことができ，生活課題解決のための実践的態度が育成される。

3 生活課題解決能力を育成する授業評価・改善に関するモデル

吉崎（2008）が示した図1-2の「授業デザインを基盤とする授業改善・創造モデル」では，授業実践後，授業評価をして授業改善をすることによって，よりよい授業実践につながる。生活課題解決能力を育成する授業実践では，導入したアクティビティ（学習活動）が効果的だったかを評価する必要がある。ここでは，図1-3の生活課題解決能力を育成する授業デザインの「④授業で用いる教材の開発［教材力］」に示した参加型アクティビティの導入の視点から，「(1)学習活動の内容が意図される学習目標の内容に適合していたか（活動内容の適合度）」「(2)学習活動の困難水準が，学習者にとって適切だったか（活動の困難水準）」「(3)学習活動を通して，意図される学習目標の水準に達したか（学習目標への到達度）」の3項目について評価をし，授業改善を検討していく。

表1-12は，生活課題解決能力を育成する授業評価・改善に関するモデル

表1-12 生活課題解決能力を育成する授業評価・改善に関するモデル

評価の視点 (学習活動が適切かを評価)	影響される要因	問題点の把握	授業デザインの改善
(1) 学習活動の内容が意図された学習目標の内容に適合していたか	題材, 教材, 教具, 活動内容	教師の授業準備, 問題の捉え方	⑤問題意識（生活課題の理解） ①思い（授業の到達目標） ②発想力（題材の選定） ④教材力（教材・教具）
↓			
(2) 学習活動の困難水準は, 学習者にとって適切だったか	学習活動の難易度	学習活動レベルと学習者の関係 学習者のレディネスの把握	④教材力（学習活動のレベル） ⑤問題意識（学習者の理解）
↓			
(3) 意図された学習目標の水準に達したか	活動の進め方, 展開, 支援	教師の授業展開, 支援の仕方	③構成力（授業展開, 活動後の支援） ④教材力（解決結果の表現方法） ①思い（授業の到達目標）

である。問題解決的な学習の授業実践後，導入した学習活動が適切だったかを「(1)活動内容の適合度」「(2)活動の困難水準」「(3)学習目標への到達度」の3つの視点から評価する。授業評価の結果，問題点を把握し，図1-3の生活課題解決能力を育成する授業デザインのモデルに立ち返って，授業を改善していく。たとえば，「(1)活動内容の適合度」で学習内容が目指した内容とずれていた場合は，教師が準備した題材や教材，生活課題の捉え方に問題があると考えられ，授業の発想から見直す必要がある。「(2)活動の困難水準」では，予定した活動時間より短時間で終わってしまった，または，逆に活動が難しすぎて学習者がまったく問題を解決できない場合は，学習活動の難易度が学習者に合っていないことが考えられ，授業デザインにおいて課題に対する学習者のレディネスを見直して，学習者に合った学習活動に練り直す必要がある。

「(1)活動内容の適合度」「(2)活動の困難水準」の改善については，まず「(1)活動内容の適合度」を改善し，次いで問題がなければ，「(2)活動の困難水準」の改善をする。そして，「(1)活動内容の適合度」「(2)活動の困難水準」に問題

がないのに「(3)学習目標への到達度」が目指した水準に達しなかった場合には，学習活動後の支援や授業展開に問題があると考えられる。たとえば，家族に関する問題解決的な学習で用いるロールプレイの授業で，学習者の感想が「楽しかった」で終わった場合，授業の到達目標を確認し，授業展開や学習活動の支援，さらに問題解決結果の表現方法を改善する必要がある。

4 まとめ

本章では，本研究のテーマである「生活課題解決能力の育成」について，生活における課題を解決するためには，生活において課題を判断する意思決定能力と解決する実践力の育成が必要であることを示した。そして，具体的に家庭科で育成する生活問題スキルと解決すべき生活問題のレベルを発達段階から検討した。さらに，家庭科教育における授業研究の動向から，家庭科の授業研究では授業者を課題設定にした論文が少なく，今後，アクション・リサーチによる授業研究が求められることが明らかになった。

生活課題解決能力を育成するためには，学習者に適した生活課題に適したアクティビティを導入して問題解決的な学習としなければならない。本章では，本研究で提案する生活課題解決能力を育成する授業デザインと授業評価・改善に関するモデルを示したが，第3章と第4章でこのモデルを実証的に検討する。しかしながら，家庭科におけるアクション・リサーチを検討するためには，まず学校現場における家庭科の授業研究の実態を把握することが必要と考える。次章では，特に授業研究が低調とされている高校に焦点を当てて，家庭科教員における生活課題解決能力を育成する授業研究の実態を調査し，課題を検討する。

第 2 章

高校家庭科における授業デザインと
授業評価に関する実態調査からみる
現状と課題

第1節　家庭科教員の生活課題解決能力を育成する授業研究に関する実態調査

1　目的

2014年11月，文部科学省は，学習指導要領の改訂に向けた中央教育審議会への諮問に，新たな学習・指導方法としてアクティブ・ラーニングを盛り込んでいる。家庭科では，生活課題解決能力を育成するために，これまでも様々な参加型の学習活動を導入して問題解決的な学習の充実が進められてきたが，今後いっそう学習活動を踏まえた授業デザインが求められる。

中間（2011）は，「問題解決的な学習を特徴とする家庭科の学習においては，行動の変容をねらう主体的な学習方法であるアクション志向学習の導入が効果的である」としている。また，家庭科で解決すべき生活問題のレベルについて，①「自分自身の生活問題」を解決し，次いで②「家族や地域社会の人々の生活問題」を解決する，さらに③「社会システムにおける生活問題」を解決するという3段階を挙げ，レベル③の問題解決では批判的思考の重要性を指摘している（中間編，2006）。荒井（2009）は，これからの家庭科の問題解決の学習で意識的に取り入れたい視点として，「将来に転用可能な批判的リテラシーを鍛えるため，探求のプロセスでどれだけ深く多面的に検討するかが特に重要である」としている。さらに，ATC21S（21世紀型スキルの学びと評価）プロジェクトが提案した21世紀型スキルでは，思考の方法として批判的思考，問題解決，意思決定が挙げられている（グリフィン他，2014）。批判的思考，問題解決，意思決定は，家庭科において問題解決的な学習の重要な要素であり，家庭科における授業デザインを検討し，生活課題解決能力を育成するため問題解決的な学習の充実を図ることは，社会の変化に対応するための次世代を担う人材の育成に寄与すると考える。

一方，学習指導要領総則では，教師は授業を評価して授業改善することが明

記されている（文部科学省，2010）。学習者を評価するだけでなく，教師が授業を省察することが求められており，授業を省察し評価をすることによって授業を改善することができ，こうした授業研究を日常的に行うことが教師自身の授業力の向上へとつながる。教師は，授業デザインで効果的なアクティビティ（学習活動）を創造し，授業実践し，授業後には省察し授業を評価・改善していくといった一連の「授業デザインを基盤とする授業改善・創造モデル」（吉崎，2008）を実践することが望まれる。

　家庭科の授業デザインでは，生活課題解決能力を育成するために問題解決的な学習が求められるが，家庭科における問題解決的な学習の実施状況をみると，実践した経験をもつ家庭科教員は3分の1に過ぎず，導入していない理由として「授業のやり方がわからない」と34.2％が回答している（鈴木他，2012）。さらに，家庭科の授業研究の状況については，全国家庭科教育協会が2009年に実施した小・中・高校家庭科教員に対する家庭科教育の充実に関する調査によると，「家庭科の研修会や研究会に参加して，指導力向上の自己研鑽に努めている」教員は，小学校30.9％，中学校21.6％，高校18.6％で小学校が高い。その理由として，小学校は授業公開などの取り組みや研修会が多いことや，全科の教員が多いことなどから授業研究が実施しやすいことが挙げられている（全国家庭科教育協会，2010）。

　また，高校の授業研究は小中学校に比べて低調であることが指摘されている（山室・久保田，2010）。特に家庭科は授業時数が少ないため家庭科教員が複数配置されていない学校が多く，いっそう授業研究が困難であることが推測される。2010年に日本家庭科教育学会の課題研究プロジェクトが，高校家庭科の履修単位の減少による影響をみるために実施した全国規模の高校家庭科教員調査によると，普通科高校の7割で家庭科の専任教員が1名以下であり，教科のことで相談する人がいないことに困っていることが明らかになっている（野中他，2012）。これらの先行研究（全国家庭科教育協会，2010；野中他，2012）では，いずれも学習内容や学習活動の実施状況については調査をしているものの，アクティビティに焦点を当てた研究ではないため，学習活動と授業デザインとの関係についての分析はされていない。次期学習指導要領の改訂におけるアクティブ・ラーニングの導入に鑑み，授業研究に課題が多いことが推測される高校家

庭科について，アクティビティに焦点を当てた授業デザインの研究が必要と考える。

そこで本研究では，高校家庭科における授業デザインと授業評価の実態を把握するために，高校家庭科教員に授業研究に関する調査を実施して，高校家庭科の授業研究における課題を検討する。

2 研究方法

(1) 調査方法と調査対象者の属性

高校家庭科における授業デザインと授業評価の実態を把握するために，県単位で調査に協力が得られた愛媛県，山口県，神奈川県，茨城県の高校家庭科教員に対して自記式質問紙調査を実施した。実施時期は 2014 年 8 月～ 2015 年 1 月，質問紙を高校家庭科部会研究大会で配布，または学校へ直接郵送して，後日返送を依頼した。376 通を配布あるいは郵送して 186 通の回答があり，回収率は 49.5％であった。

186 人の家庭科教員の属性は，表 2-1 の通りである。40 歳以上が 80.1％を占め，91.9％が専任であった。

(2) 調査項目と分析方法

調査項目は，①勤務校の家庭科教員配置，②担当している家庭科必修科目，

表2-1　高校家庭科教員を対象にした質問紙調査における主任回答者の属性(n=186)

性別(人)	男	女	計				
	1	185	186				

年齢(人)	20代	30代	40代	50代	60代以上	計	
	14	23	77	65	7	186	

教職歴(人)	5年未満	5～10年	10～20年	20～30年	30年以上	不明	計
	11	15	53	66	39	2	186

勤務形態(人)	専任	常勤	非常勤	その他	計		
	171	7	6	2	186		

③授業づくりの悩み，④授業がうまくいかなかったときの原因，⑤授業づくりで重視していること，⑥生徒の授業に対する意欲，⑦家庭科必修科目で実施している学習活動，⑧授業の省察状況と授業研究体制，以上8項目である。

③授業づくりの悩みについては，日頃の授業づくりの内容についてどの程度悩んでいるかを「非常に悩む」「わりと悩む」「あまり悩まない」「ほとんど悩まない」の4件法で尋ね，「非常に悩む」「わりと悩む」の回答を「悩んでいる」とした。⑤授業づくりで重視していることについては，日頃の授業づくりにおいて家庭科で育成したいスキルや授業方法についてどの程度重視しているかを「非常に重視している」「わりと重視している」「あまり重視しない」「ほとんど重視していない」の4件法で尋ね，重視度をそれぞれ4点，3点，2点，1点として得点化した。⑥生徒の授業に対する意欲については，「意欲的である」「どちらかといえば意欲的である」「どちらかといえば意欲的でない」「意欲的でない」の4件法で尋ね，「意欲的である」「どちらかといえば意欲的である」の回答を「意欲あり」，「どちらかといえば意欲的でない」「意欲的でない」を「意欲なし」とした。

⑦家庭科必修科目で実施している学習活動については，高校家庭科の教科書で扱われている学習活動，先行研究*(野中，2012)およびアクション志向学習として取り上げられている学習活動(中間編，2006)から18個の学習活動を示し，実施している学習活動にチェックをしてもらった。本調査では，アクティブ・ラーニングにおけるアクティビティに主眼をおき，家庭科必修科目の授業でどのような学習活動を導入しているかをみるため，年間の授業での実施回数ではなく，18個の学習活動のうち導入し実施している学習活動数(個)を分析した。

分析にあたっては，EXCEL統計Ver.7.0を用い，学習活動における群間の検定には，母比率の差の検定，母平均の差の検定を行い，統計的有意水準は5%以下とした。

---

* 2010年2月に日本家庭科教育学会の課題研究プロジェクトが実施した全国規模（21都道府県）の高校家庭科教員調査結果によると，普通科高校の教員621名が家庭科必修科目で実施している学習活動の実施率は，調理実習96.6%，被服実習83.3%，調理実験35.3%，ホームプロジェクト34.8%，調べ学習32.0%，保育実習・交流31.1%，高齢者福祉実習・交流30.1%，被服実験29.6%，住居実習28.0%，話し合い21.9%，家庭クラブ20.8%であった。

第2節　実態調査の結果および考察

1　設置学科と家庭科の履修状況

回答者の勤務校における設置学科別にみた家庭科の専任の配置状況および担当している家庭科必修科目を表2-2に示す。家庭科の専任の配置状況は，普通科のみの学校では67.0％が専任1名で，9.0％が専任を配置しておらず，合わせると普通科のみの学校の76.0％が専任1名以下である。一方，普通科が併設されていない専門学科や総合学科他の学校では69.4％が専任を2名以上配置しており，教員配置が対照的である。なお，専任0名の10校については，常勤講師のみ3校，常勤講師と非常勤講師1校，非常勤講師のみ6校であった。

設置学科別で担当している家庭科必修科目を比較すると，普通科のみの学

表2-2　設置学科別専任の配置状況および担当している家庭科必修科目

人（％）

設置学科	n	専任の配置状況			担当している家庭科必修科目					
		専任2名以上	専任1名	専任0名	家庭基礎のみ	家庭基礎と家庭総合	家庭総合のみ	家庭基礎と生活デザイン	生活デザインのみ	担当なし
普通科のみ	100	24 (24.0)	67 (67.0)	9 (9.0)	60 (60.0)	5 (5.0)	31 (31.0)	0 (0.0)	2 (2.0)	2 (2.0)
普通＋専門・総合	36	20 (55.6)	16 (44.4)	0 (0.0)	12 (33.3)	11 (30.6)	8 (22.2)	2 (5.6)	0 (0.0)	3 (8.3)
専門・総合他	49	34 (69.4)	14 (28.6)	1 (2.0)	16 (32.7)	6 (12.2)	19 (38.8)	0 (0.0)	3 (6.1)	5 (10.2)
不明（未記入）	1	1 (100.0)	0 (0.0)	0 (0.0)	0 (0.0)	0 (0.0)	1 (100.0)	0 (0.0)	0 (0.0)	0 (0.0)
合計	186	79 (42.5)	97 (52.2)	10 (5.4)	88 (47.3)	22 (11.8)	59 (31.7)	2 (1.1)	5 (2.7)	10 (5.4)

注）「普通科のみ」は，普通科のある学校で，職業を主とする専門学科，総合学科が併設されていない学校。
「普通＋専門・総合」は，普通科に職業を主とする専門学校や総合学科が併設されている学校。
「専門・総合他」は，普通科がない学校で，職業を主とする専門学校や総合学科のみの学校。特別支援学校含む。

校では,「家庭基礎のみ」が60.0％と高く,また「家庭総合のみ」が31.0％で,複数の家庭科必修科目を担当している教員は5.0％と少ない。一方,普通科以外の学科がある学校(「普通＋専門・総合」「専門・総合他」)では,いずれも「家庭基礎のみ」を担当している割合は約3割にとどまり,普通科のみの学校に比べて複数の家庭科必修科目を担当している割合が高い。

2 日頃の授業の状況

(1) 授業づくりの悩み

日頃の授業づくりでどんなことに悩んでいるかを把握するため,授業づくりの内容で悩んでいると回答した割合を表2-3に示す。授業づくりで最も悩んでいるのは,「どんな学習活動を導入するか」で75.3％,次いで「問題解決的な学習」73.7％,「授業の展開」68.8％と続き,多くの教員が学習活動の選択と学習活動をどのように展開して問題解決的な学習にするのかを悩んでいることが推察できる。

(2) 授業がうまくいかなかったときの原因

これまでの授業を省察して,授業がうまくいかなかったときの原因を3つ選択してもらった結果を表2-4に示す。授業がうまくいかなかったときの原因として最も高いのは「発問や支援」が62.4％,次いで「授業の展開」53.8％,「学習活動の難易度」46.8％と続き,授業の成否が学習活動を中心にした授業設計と生徒への支援にかかっていることが推察される。

(3) 授業づくりで重視していること

日頃の授業づくりで重視していることを把握するため,育成したい能力や授業方法に関する内容をどの程度重視しているかを尋ねた結果を図2-1に示す。「非常に重視している」「わりと重視している」の回答を合わせると,「自己管理のための知識を身につける」96.7％,「自己管理のための技術を身につける」94.1％と,ほとんどの教員が自己管理スキルを重視している。一方,「人とよりよくかかわる力を高める」は84.4％,「環境や資源管理スキルを高める」

表2-3 授業づくりの悩み (n=186)

悩んでいる内容（複数回答）	%
どんな学習活動を導入するか	75.3
問題解決的な学習	73.7
授業の展開	68.8
生徒評価	62.9
教材・教具の準備	59.7
授業における発問の仕方	58.6
カリキュラムの立て方	54.3
題材の選定	48.4
生徒の実態や課題の把握	46.8
授業のねらい，目標	45.7

表2-4 授業がうまくいかなかったときの原因 (n=186)

原因（3つ選択）	%
発問や支援	62.4
授業の展開	53.8
学習活動の難易度	46.8
題材の選定	41.4
準備した教材・教具	37.1
生徒自身の問題	22.0
生徒理解	19.4
その他	4.8

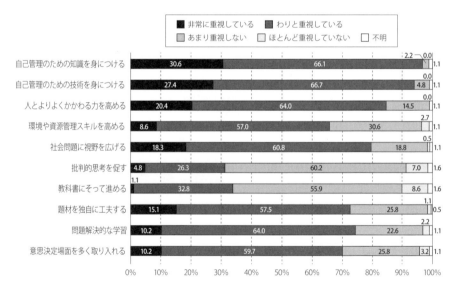

図2-1 日頃の授業で重視していること (n=186)

は65.6％にとどまる。また，「社会問題に視野を広げる」は79.1％と高いものの，解決すべき生活問題のレベルで目指したい「批判的思考を促す」は31.1％と低く，授業づくりで批判的思考はさほど意識されていない。

　授業の指導計画では，家庭科は学習内容について相互に有機的な関連を図り，総合的に展開されるよう適切な題材を設定することが求められているが，実際に日頃の授業で「題材を独自に工夫する」を重視している教員は72.6％だった。また，家庭科の学習方法として充実が求められている「問題解決的な学習」については「非常に重視している」教員は10.2％にとどまり，「わりと重視している」64.0％と合わせると74.2％であるが，4分の1の教員は授業づくりにおいて問題解決的な学習を意識していない。

(4) 家庭科の授業に対する生徒の意欲

　家庭科の授業に対する生徒の意欲について，教員がどのように捉えているかを尋ねた結果を表2-5に示す。

　全体では，76.3％の教員が生徒は家庭科の授業に対して意欲的と捉えているものの，21.0％の教員は生徒の意欲がないと捉えている。これを必修科目を担当している教員について担当必修科目で比較すると，担当している必修科目では有意差はみられない。しかしながら，設置学科で生徒の学習意欲を比較すると有意差がみられた。普通科以外の学科がある学校の教員は，85.9％が授業に生徒が意欲的と捉えており，「意欲なし」は11.8％にとどまる。一方，普通科

表2-5　家庭科の授業に対する生徒の意欲

人（％）

		n	生徒の学習意欲			検定による有意差
			意欲あり	意欲なし	未記入	
全体		186	142 (76.3)	39 (21.0)	5 (2.7)	
担当必修科目	家庭基礎のみ	88	64 (72.3)	22 (25.0)	2 (2.3)	－
	「家庭総合」「生活デザイン」	88	69 (78.4)	16 (18.2)	3 (3.4)	
設置学科	普通科のみ	100	68 (68.0)	29 (29.0)	3 (3.0)	＊
	普通科以外の学科有	85	73 (85.9)	10 (11.8)	2 (2.6)	

（χ^2検定）　＊$p<0.05$

のみの学校の教員は，29.0％が生徒の意欲がないと感じており，普通科のみの学校における授業デザインに課題があることが示唆される。

3 学習活動の実施状況

(1) 家庭科必修科目で実施している学習活動

家庭科必修科目を担当している 176 人について，必修科目で実施している学習活動を尋ねた結果を表 2-6 に示す。

最も実施されている学習活動は「調理実習」の 97.7％，次いで「被服実習」85.2％で，図 2-1 でほとんどの教員が自己管理のための技術を身につけることを重視していたが，授業においても実際に技術の習得のための実習を実施している。一方，高校家庭科の学習指導要領において実施することが明記されている「ホームプロジェクト」「家庭クラブ」は，それぞれ 78.4％，46.6％の実施率であった。

176 人の担当している必修科目のうち，「家庭基礎のみ」を担当している 88 人と，「家庭総合」「生活デザイン」を担当している 88 人で実施している学習活動を比較すると，「被服実習」「高齢者福祉実習・交流」は，家庭基礎のみを担当している教員の実施率が有意に低い。標準履修単位数が「家庭総合」「生活デザイン」4 単位に対して「家庭基礎」は 2 単位と授業時数が少ないため，製作に時間がかかる「被服実習」や活動に手間がかかる「高齢者福祉実習・交流」は実施されにくいことが考えられる。

また，設置学科で「普通科のみ」の教員 98 人と「普通科以外の学科がある」教員 77 人で，家庭科必修科目で実施している学習活動を比較すると，普通科のみの教員は「ホームプロジェクト」「家庭クラブ」の実施率が有意に低い。特に「家庭クラブ」では，専門学科や総合学科など普通科以外の学科がある学校の教員は 63.6％が実施しているのに対して，普通科のみの教員は 33.7％と著しく実施率が低い。学科の特性として，行事などを導入しやすい専門学科や総合学科に比べて，普通科のみの学校においては「家庭クラブ」を実施することが困難であることが推察される。

表2-6 家庭科必修科目で実施している学習活動

		n（人）	学習活動（％）																		実施活動数（個）	
			調理実習	被服実習	ホームプロジェクト	話し合い・討議	調べ学習	家庭クラブ	保育実習・交流	調理実験	高齢者福祉実習・交流	住居実習	被服実験	ロールプレイ	シミュレーション	パソコン実習	インタビュー	KJ法	ディベート	フィールド	一人平均	S.D.
全体		176	97.7	85.2	78.4	61.9	56.3	46.6	43.2	41.5	38.1	32.4	27.8	27.3	17.6	11.4	9.7	9.1	4.0	2.3	6.90	2.479
担当必修科目	「家庭基礎」のみ	88	98.9	76.1	83.0	58.0	59.1	40.9	37.5	40.9	29.5	33.0	33.0	29.5	18.2	10.2	10.2	10.2	2.3	2.3	6.73	2.247
	「家庭総合」「生活デザイン」	88	96.6	94.3	73.9	65.9	53.4	52.3	48.9	42.0	46.6	31.8	22.7	25.0	17.0	12.5	9.1	8.0	5.7	2.3	7.08	2.691
	検定による有意差		–	**	–	–	–	–	–	*	–	–	–	–	–	–	–	–	–	–	–	
設置学科	普通科のみ	98	99.0	83.7	73.5	66.3	61.2	33.7	39.8	38.8	36.7	35.7	32.7	26.5	16.3	12.2	11.2	8.2	3.1	2.0	6.81	2.336
	普通科以外の学科あり	77	96.1	87.0	85.7	55.8	49.4	63.6	48.1	45.5	40.3	27.3	22.1	28.6	19.5	10.4	7.8	10.4	5.2	2.6	7.05	2.665
	検定による有意差		–	–	*	–	–	**	–	–	–	–	–	–	–	–	–	–	–	–	–	

*p<0.05 **p<0.01

注）「家庭総合」「生活デザイン」は，「家庭総合」または「生活デザイン」を担当している．

（2）教職年数と学習活動

　教職年数別に担当している家庭科必修科目で実施している学習活動を比較した結果を表2-7に示す．18項目の学習活動における一人平均の実施活動数には，教職年数で有意差がみられた．「10年未満」は5.48個，「10～20年」は6.74個，「20年以上」は7.33個で，教職年数が長いほど実施している学習活動数が多くなっている．

　教職年数で具体的な学習活動の実施率を比較すると，「調理実習」「保育実

表 2-7 教職年数と家庭科必修科目で実施している学習活動

教職年数	n (人)	学習活動（%）															実施活動数（個）	
		調理実習	被服実習	ホームプロジェクト	話し合い・討議	調べ学習	家庭クラブ	保育実習・交流	調理実験	高齢者福祉実習・交流	住居実習	被服実験	ロールプレイ	シミュレーション	パソコン実習	インタビュー	KJ法	ディベート	フィールド	一人平均	S.D.
a: 10年未満	25	92.0	80.0	72.0	56.0	48.0	36.0	24.0	20.0	20.0	20.0	16.0	28.0	12.0	8.0	4.0	8.0	4.0	0.0	5.48	1.939
b: 10〜20年	50	98.0	86.0	80.0	62.0	36.0	46.0	42.0	34.0	42.0	34.0	30.0	32.0	14.0	12.0	14.0	6.0	2.0	4.0	6.74	2.414
c: 20年以上	99	99.0	85.9	78.8	62.6	68.7	50.5	49.5	49.5	41.4	34.3	29.3	24.2	21.2	12.1	9.1	10.1	5.1	2.0	7.33	2.523
検定による有意差		ac*	–	–	–	bc*	–	ac*	ac**	ac*	–	–	–	–	–	–	–	–	–	ab*, ac**	

$^*p<0.05$ $^{**}p<0.01$

習・交流」「調理実験」「高齢者福祉実習・交流」は教職年数 10 年未満の教員の実施率が有意に低い。特に「保育実習・交流」「調理実験」「高齢者福祉実習・交流」の実施率はいずれも 20 年以上の教員の約半分となっており，教職年数の短い教員は，体験学習や専門性の高い実験の実施率が低い。この要因として，2003 年に家庭科必修科目として 2 単位科目の「家庭基礎」が導入されたことにより，家庭科はそれまでの 4 単位必修から 4 単位または 2 単位の選択必修となった。そのため，2 単位しか履修していない若い教員は教員自身の高校での学びや体験が減少していること，さらに 1998 年の免許法改正で大学での専門科目の最低履修単位数が 40 単位から 20 単位に減少したことにより，教員の専門性が低下していることが示唆される。

（3）生徒の学習意欲と学習活動

家庭科必修科目を担当している 176 人の教員について，表 2-5 における生徒の家庭科の授業に対する意欲をみると，133 人が「意欲あり」，38 人が「意欲なし」と捉えている（未記入 5 人）。家庭科の授業に対する生徒の意欲の捉え方により，図 2-1 で示した日頃の授業づくりにおける各項目の重視度を比較した結果を表 2-8 に示す。同様に，生徒の意欲の捉え方により，家庭科必修

表 2-8 家庭科の授業に対する生徒の意欲の捉え方による日頃の授業づくりにおける重視度の比較

授業づくりにおける重視項目	意欲あり (n = 133)		意欲なし (n = 38)		検定による有意差
	平均点	SD	平均点	SD	
自己管理のための知識を身につける	3.32	0.529	3.16	0.374	−
自己管理のための技術を身につける	3.27	0.522	3.05	0.524	*
人とよりよくかかわる力を高める	3.14	0.568	2.73	0.560	***
環境や資源管理スキルを高める	2.70	0.687	2.73	0.508	−
教科書にそって進める	2.28	0.636	2.27	0.608	−
題材を独自に工夫する	2.89	0.666	2.73	0.652	−
問題解決的な学習	2.92	0.593	2.59	0.644	**
意思決定場面を多く取り入れる	2.83	0.636	2.49	0.768	**
批判的思考を促す	2.33	0.660	2.19	0.701	−
社会問題に視野を広げる	3.05	0.702	2.86	0.713	−

(t 検定) $*p<0.05$ $**p<0.01$ $***p<0.001$

表 2-9 家庭科の授業に対する生徒の意欲の捉え方による家庭科必修科目で実施している学習活動の比較

生徒の意欲	n (人)	学習活動 (%)																実施活動数 (個)	
		調理実習	被服実習	ホームプロジェクト	話し合い・討議	調べ学習	家庭クラブ	保育実習・交流	調理実験	高齢者福祉実習・交流	住居実習	被服実験	ロールプレイ	シミュレーション	パソコン実習	インタビュー	KJ法	ディベート	フィールド	一人平均	S.D.
意欲あり	133	97.0	87.2	82.0	66.2	56.4	54.9	48.9	46.6	42.9	31.6	29.3	30.1	17.3	12.8	11.3	10.5	4.5	3.0	7.32	2.506
意欲なし	38	100.0	78.9	65.8	47.4	57.9	18.4	21.1	18.4	15.8	34.2	21.1	18.4	5.3	2.6	5.3	0.0	0.0	5.29	1.707
検定による有意差		−	−	*	*	−	**	**	**	**	−	−	−	−	−	−	−	−	−	**

$*p<0.05$ $**p<0.01$

科目で実施している学習活動を比較した結果を表 2-9 に示した。

　家庭科の授業に対する生徒の意欲の捉え方によって教員の授業づくりの重視度に有意差がみられた項目は，「自己管理のための技術を身につける」「人とよりよくかかわる力を高める」「問題解決的な学習」「意思決定場面を多く取り入れる」の 4 項目で，いずれも生徒の意欲があると捉えている教員の重視度が高い。特に，「人とよりよくかかわる力を高める」の重視度の有意差 ($p<0.001$) が大きい。また，生徒の意欲があると捉えている教員は，「問題解決的な学習」「意思決定場面を多く取り入れる」の重視度が高いことから，日頃から生徒の主体的な学習活動を重視した授業デザインを心がけていると考えられ，それが生徒の学習意欲につながっていると推察される。

　実際に，表 2-9 の家庭科の授業に対する生徒の意欲の捉え方で，家庭科必修科目で実施している学習活動をみると，生徒の意欲があると捉えている教員は実施している学習活動数が 7.32 個に対して，意欲がないと感じている教員は 5.29 個と実施している学習活動数が有意に少ない。具体的な学習活動の実施率で比較すると，生徒の意欲があると捉えている教員は，「ホームプロジェクト」「話し合い・討議」「家庭クラブ」「保育実習・交流」「調理実験」「高齢者福祉実習・交流」の実施率が有意に高い。表 2-8 における生徒の学習意欲の有無による授業づくりの重視度の比較においては「人とよりよくかかわる力を高める」の重視度の有意差が最も大きかったが，表 2-9 の「保育実習・交流」「高齢者福祉実習・交流」の実施率をみると，生徒の意欲があると捉えている教員のうち，それぞれの活動を 48.9％，42.9％が実施しているのに対して，意欲がないと感じている教員は 21.1％，15.8％しか実施していない。「保育実習・交流」「高齢者福祉実習・交流」のように人とかかわる活動（交流体験学習）は，アクション志向学習の中でも生徒の印象が深く思考の変容に効果があることが明らかになっており（野中，2011），教員も生徒の変容から意欲を感じやすいことが考えられる。また，「ホームプロジェクト」「家庭クラブ」のような実践活動は，生徒が家庭科で学んだことを活用して主体的に取り組む必要があり，学習の成果を教員が確認しやすいことから生徒が意欲的だと認識できることが示唆される。

　いずれにしても，実施している学習活動が少ない教員の方が家庭科の授業に

対して生徒の意欲がないと感じており，様々な学習活動を導入することが生徒の学習意欲を引き出す上で重要であるといえる。

(4) 問題解決的な学習の重視度と学習活動

図2-1の日頃の授業づくりで重視していることにおける各項目の重視度と，家庭科必修科目で実施している学習活動数の関連について無相関の検定で分析した結果，「人とよりよくかかわる力を高める」「環境や資源管理スキルを高める」「題材を独自に工夫する」「問題解決的な学習」「意思決定場面を多く取り入れる」に有意差がみられた。そのうち実施している学習活動数と最も関連が高かったのは「問題解決的な学習」の重視度であった（$p<0.001$）。そこで，問題解決的な学習の重視度によって家庭科必修科目で実施している学習活動を比較した結果を表2-10に示す。

問題解決的な学習の重視度によって実施している活動数に有意差がみられ，「非常に重視している」教員は8.89個，「わりと重視している」教員は6.95個，「重視していない」教員は5.90個であった。問題解決的な学習を重視している

表2-10 問題解決的な学習の重視度による家庭科必修科目で実施している学習活動の比較

| 問題解決的な学習の重視度 | n（人） | 学習活動（％） ||||||||||||||| 実施活動数（個） ||
		調理実習	被服実習	ホームプロジェクト	話し合い・討議	調べ学習	家庭クラブ	保育実習・交流	調理実験	高齢者福祉実習・交流	住居実習	被服実験	ロールプレイ	シミュレーション	パソコン実習	インタビュー	KJ法	ディベート	フィールド	一人平均	S.D.
a：非常に重視	18	100.0	88.9	88.9	88.9	77.8	27.8	50.0	55.6	50.0	44.4	44.4	38.9	33.3	22.2	22.2	33.3	11.1	11.1	8.89	2.720
b：わりと重視	114	98.2	86.8	78.1	63.2	53.5	51.8	49.1	43.9	42.1	31.6	28.1	24.6	14.9	9.6	8.8	6.1	3.5	0.9	6.95	2.315
c：重視せず	42	95.2	78.6	76.2	47.6	52.4	42.9	26.2	28.6	23.8	28.6	19.0	28.6	16.7	11.9	7.1	2.4	2.4	2.4	5.90	2.367
検定による有意差		−	−	ab*, ac**	−	−	bc*	ac*	ac*, bc*	−	ac*	−	−	−	ab**, ac**	−	ab**, ac**, bc**				

*$p<0.05$ **$p<0.01$

教員ほど実施している学習活動数が多いことがわかる。具体的な学習活動の実施率で比較すると,「話し合い・討議」「保育実習・交流」「調理実験」「高齢者福祉実習・交流」「被服実験」「KJ法」で有意差がみられ,問題解決的な学習を非常に重視している教員は,「家庭クラブ」以外の学習活動が3群の中で最も実施率が高く,様々な学習活動を導入して問題解決的な学習を工夫している。

4　家庭科の授業研究の状況

(1) 日頃の授業の省察状況

家庭科教員186人の日頃の授業の省察状況を尋ねた結果を表2-11に示す。

「常に省察・授業評価をして,授業改善を心がけている」は25.3％にとどまる。41.4％の教員が「多忙で省察する時間がなく,授業評価まで手がまわらない」と回答しており,日々の忙しさで授業を振り返る余裕すらない状況が推察できる。また,「省察・授業評価はしているが,授業改善にまで及ばない」29.0％,「省察をして授業改善をしたいが,やり方がわからない」4.3％で,高校の家庭科教員にとって家庭科の授業研究を個人で実施することは困難で,授業改善がほとんど行われていない実態が浮かび上がってくる。

(2) 家庭科の授業研究体制

家庭科の授業研究体制について尋ねた結果を表2-12に示す。

表2-11で個人での授業研究が困難な現状が明らかになったが,「校内で授業研究が定期的にある」は30.6％にとどまる。専任が2名以上の学校の教員は

表2-11　日頃の授業の省察状況（n=186）

省察状況	％
多忙で省察する時間がなく,授業評価まで手がまわらない	41.4
省察・授業評価はしているが,授業改善にまで及ばない	29.0
常に省察・授業評価をして,授業改善を心がけている	25.3
省察をして授業改善をしたいが,やり方がわからない	4.3
計	100.0

表2-12 家庭科の研究授業体制（複数回答）

人（%）

	専任2名以上 (n=79)	専任1名 (n=97)	専任0名 (n=10)	計 (n=186)
校内で授業研究が定期的にある	29 (36.7)	26 (26.8)	2 (20.0)	57 (30.6)
地域で授業研究が定期的にある	26 (32.9)	39 (40.2)	2 (20.0)	67 (36.0)
特に授業研究体制は整っていない	27 (34.2)	35 (36.1)	5 (50.0)	64 (34.4)
その他	6 (7.6)	14 (14.4)	1 (10.0)	21 (11.3)

　36.7％とやや高いが，専任が1名以下だと校内での授業研究の実施率は下がり，さらに「一人教科は校内研究が参考にならない」「校内研究は家庭科が毎回あるわけではない」などの意見が自由記述に挙げられており，高校における家庭科の校内での授業研究の困難さが推察できる。

　「地域で授業研究が定期的にある」は36.0％であるが，専任1名の学校の教員の回答が40.2％と高く，校内での授業研究が困難であるため積極的に学外での家庭科教員の交流に参加している様子がうかがえる。地域での授業研究については，各県にある高校家庭部会によるものが多いと考えられ，「高校家庭部会で地域ごとに年2回地区会を開催している」との記載もみられた。また，高校家庭部会による授業研究の取り組みとして，その他に，「県の家庭部会の研究委員会や教材作成委員会で取り組んでいる」といった家庭部会での具体的な活動の記載が6件あった。高校家庭部会以外の授業研究の方法として，「日本家庭科教育学会への参加」「日本家庭科教育学会等論文，最新の授業法，内容を研究」「資料や参考文献などから授業実践の情報収集」のように，個人で授業研究を積極的に進めている教員もみられた。

第3節　実態調査からみる現状と課題

　高校家庭科における授業デザインと授業評価に関する実態を把握するために，高校家庭科教員に授業研究に関する質問紙調査を実施して186人の回答が得られた。それらを分析した結果，以下のことが明らかになった。

1) 普通科のみの学校では，76％の学校で家庭科の専任教員の配置が1名以下であるのに対して，専門・総合学科のある学校では大半が専任教員を2名以上配置していた。
2) 授業づくりでは，70％の教員がどんな学習活動を導入し，どのように展開して問題解決的な学習にするかに悩み，授業がうまくいかなかったときは，授業の展開や支援，学習活動の難易度が原因と捉えている。
3) 担当している家庭科必修科目が「家庭基礎のみ」の教員は，「家庭総合」「生活デザイン」を担当している教員に比べて，「被服実習」「高齢者福祉関連実習・交流」の実施率が低い。
4) 専門・総合学科がある学校は，普通科のみの学校に比べて，「ホームプロジェクト」「家庭クラブ」の実施率が高い。
5) 教職年数「10年未満」の教員は実施している学習活動数が少なく，調理実験，保育や高齢者福祉関連実習・交流の実施率が低い。
6) 家庭科の授業に対して生徒の意欲がないと捉えている教員は，生徒の意欲があると捉えている教員に比べて実施している学習活動数が少ない。また，生徒の意欲があると捉えている教員は，人とよりよくかかわる力を重視し，保育や高齢者福祉関連実習・交流の実施率が高い。
7) 「問題解決的な学習」を重視しているほど実施している学習活動数が多く，話し合い・討議，実験，保育や高齢者福祉関連実習・交流，KJ法など多様な学習活動を導入している。

8) 家庭科の授業研究については，41.4％の教員が多忙で省察する時間がなく授業評価まで手がまわっていないが，校内で定期的に授業研究があるという教員は30.6％にとどまっている。家庭科は教員1人の学校が多く授業研究は困難である。

　以上の結果から，高校家庭科教員の多くが学習活動を創造する段階で悩み，さらに学習活動を効果的に導入し支援して問題解決的な学習に展開していくといった授業デザインに課題があること，さらに多忙で個人での授業研究が難しく，校内での授業研究も教員一人体制の学校では困難で，授業改善をしていく機会が持ちにくい実態が明らかになった。また，様々な学習活動を実施している教員は生徒の授業に対する意欲を高いと捉えており，家庭科における学習活動の重要性が改めて指摘できる。一方で，若い教員に体験学習や専門性の高い実験の実施率が低く，高校家庭科の授業時数の減少による教員自身の体験の少なさや，大学での専門科目の最低履修単位数削減による専門性の低さが示唆され，今後の家庭科教員養成における課題が浮かび上がってきた。
　学習指導要領の改訂でアクティブ・ラーニングが課題となるが，これまで先駆的に実践事例を積み重ねてきた家庭科の学びを今後整理し，次世代の教員養成に生かす取り組みが必要と考える。義務教育で市町村の教育委員会の管轄ごとに地区での研修会等を実施しやすい小・中学校に比べて，高校では都道府県単位になり，しかも教員一人体制の高校家庭科では校内や地区での授業研究が困難である。そのため，高校家庭部会を中心にした都道府県レベルでの授業研究のネットワークをいっそう充実していくことが必要である。しかしながら，学外の研修会に参加できる機会は限られるため，日々の授業を省察して授業評価，授業改善ができるように，今後，一人でもできるアクション・リサーチの研究を進めることが求められる。
　本章では，高校家庭科教員に対する授業研究に関する実態調査から，学習活動を効果的に導入して，問題解決的な学習に展開していくといった授業デザインに課題があることが明らかになった。生活課題解決能力を育成するためには，生活課題と学習者に適したアクティビティの開発が鍵になると考えられる。次章では，生活課題解決能力を育成するために導入したアクティビティの授業効

果を検証し，生活課題解決能力を育成する授業デザインについて検討する。

第3章

生活課題解決能力を育成する
授業デザイン

第1節　福祉生活課題解決能力を育成する授業
——知的障害者との交流体験学習導入による福祉意識の形成

知的障害者施設でのボランティア活動実践を通して

1　目的

今日，学校における福祉教育の重要性が指摘されているが，福祉教育実践は今に始まったことではなく，戦後初期までさかのぼることができる。その後，高度経済成長期にはいったん影が薄くなってきたが，1970年，高齢者人口が7%を超え高齢化社会に突入するにつれて，再び，福祉教育実践の重要性が注目されるようになってきた。

学校における福祉教育の実践が全国的な取り組みとして始まったのは，1977年「学童・生徒のボランティア活動普及事業」の開始が契機とされており，福祉教育実践は，ボランティア活動を媒介として実施されるようになってきた。

一番ヶ瀬（1995）は福祉教育を「人権教育を機軸にすえ，ともに生き抜くための生活教育を媒介とした"社会福祉"をめぐる実践教育」とし，また，福祉教育研究委員会では，「するどい人権感覚の錬磨，非人間的なものを見抜く力を養う教育，行動力を養う教育」としている。このような教育は，単なる知的理解にとどまる教育ではなく，実践教育を通して生活化させる教育でなければならない。そこで，実践活動としてのボランティア活動の導入が必要となってくる。本来，ボランティア活動とは，「自立と連帯の社会・地域づくりをめざして自発的・自律的・自覚的・社会的に活動すること」とされており（全国社会福祉協議会，1984），福祉教育活動そのものではない。しかし，実践活動を通しての生活化という点で福祉教育と深く結びついていることは確かである。

一方，家庭科においては，1978年，高等学校学習指導要領「家庭一般」に，ホームプロジェクトの実践と学校家庭クラブが位置づけられ，以来，今日の「家庭一般」「生活技術」「生活一般」に踏襲されている。さらに，1989年の学

習指導要領の改訂では,「家庭一般」「生活技術」「生活一般」すべてに"高齢者の生活と福祉"が設けられ,同解説では,"社会福祉とボランティア"が挙げられている。

このように,必修教科としての家庭科において,福祉やボランティアが位置づけられているということは,福祉教育,ボランティア活動の推進にとって,家庭科の占める位置がまことに大きいことを示している。したがって,これからの家庭科教育において,福祉教育としてのボランティア活動をどう取り入れていくかは大きな課題である。しかし,その実践には,多くの隘路があることも事実であり,成果を挙げている学校には限りがある。そこで,今後の家庭科教育において福祉教育を推進していく方策を模索するため,本研究を行った。

福祉意識を形成するためには,人権意識の形成が中核となる。人権意識を形成するためには,高齢者,障害児・者,児童,他国籍者などとの交流をもつことが必要である。家庭科教育では,高齢者を対象にしたボランティア活動の実践例は比較的多いが,障害児・者を対象にしたボランティア活動の実践例は十分とはいえない。

そこで,本研究においては,知的障害者を対象としたボランティア活動を行うことにより,人権意識を中心とした福祉意識が育成されるのではないかと考え,授業の中に知的障害者を対象としたボランティア活動を導入することを試みた。

2 方法

福祉教育導入にあたって,まず,1学期の「家族と家庭」の単元の「高齢期を生きる」「社会の中で生きる」において,高齢者疑似体験やディスカッションなどを導入した授業を通して,福祉やボランティアについての学習を行った。その上で,2学期の「暮らしと経済」の単元において,ビデオ視聴による主体的学習の場を設け,その裏時間で班ごとに知的障害者を対象とした福祉体験学習を行った。

授業の実施にあたっては,千葉商科大学付属高等学校の1年生270名全員が「生活一般」の授業中に,指導計画(表3-1)のように,1995年9月下旬から

表 3-1　知的障害者との交流学習の実施計画

目　　的：知的障害者と交流することにより，人権意識を中心とした福祉意識を養う
実施期間：1995 年 9 月 29 日～11 月 17 日
対象生徒：1 年生 7 クラス全員（270 名）
対象授業：「生活一般」
実施方法：「生活一般」の授業中に，1 クラスを約 13 人ずつ 3 班に分け，各班 1 時間を使って福祉施設を訪問し，全員に福祉体験学習を実施
引率教員：家庭科教師 1 名
実施施設：知的障害者通所授産施設（学校から徒歩 5 分）
体験学習内容：福祉施設を訪問し，施設職員の指導のもと，利用者と一緒に箱折り等の作業を体験して，知的障害者と交流をはかる

	学習内容	福祉体験学習	意識調査
1学期	[第 1 章　家族と家庭] 1. 生活をつくる　　　　（8 時間） 2. 家族をつくる　　　　（6 時間） 3. 高齢期を生きる　　　（4 時間） 4. 社会の中で生きる　　（2 時間）	高齢者疑似体験	
2学期	ホームプロジェクト発表　（4 時間） [第 2 章　暮らしと経済] 1. 家庭の経済　　　　　（6 時間） 2. 現代の消費生活　　　（10 時間）	（9～11 月） 福祉体験学習 環境保全に関するビデオ 消費生活に関するビデオ	事前調査 事後調査

（注：▨ 福祉教育に関するもの）

1 クラス	1 時間目	2 時間目	3 時間目
A 班（13 名）	福祉体験学習	消費生活のビデオ（カード破産）	消費生活のビデオ（マルチ商法）
B 班（13 名）	環境保全のビデオ（ゴミ問題）	福祉体験学習	消費生活のビデオ（マルチ商法）
C 班（13 名）	環境保全のビデオ（ゴミ問題）	消費生活のビデオ（カード破産）	福祉体験学習

11月にかけて，1時間に13人ずつ延べ21時間にわたって，知的障害者通所授産施設を訪問し，知的障害者との交流体験学習を実施した。

千葉商科大学付属高等学校は，全校生徒約850名の男子高校で，千葉県市川市の北西部にあり，東京都と隣接しているが静かな環境にある学校である。学習指導要領の改訂で1994年度より，高校家庭科はそれ以前の女子のみ必修から，男女ともに必修となった。それにともない，男子校で家庭科の設置がなかった本校において，1994年から1年生科目として家庭科「生活一般」が必修となった。そして，同年度より学校家庭クラブを組織し，「生活一般」の授業の中でボランティア活動に取り組み，施設訪問の他，学校周辺美化活動，地域のお年寄りとのゲートボールなど様々な活動を実施していた。

福祉体験学習を実施している知的障害者通所授産施設は，学校から徒歩5分の場所にある。18歳以上の知的障害者の施設で，利用者は約40名，箱折りや袋詰め，縫製などの作業を行っている。

調査の枠組みは，図3-1に示す通りである。分析にあたっては，①ボランティア活動の経験とボランティア活動への関心の有無を把握した上で，知的障害者との交流体験の事前・事後調査（有効回答235人）から，②ボランティア活動への関心の有無別福祉意識の変化，③障害者支援意識別福祉意識の比較を行うこととした。ボランティア活動意識におけるボランティア活動参加目的については，「地域をよりよくしたい」「困っている人の手助けをしたい」を《他者支援志向》，「自分のやりたいことを発見したい」「進学就職で有利になるようにしたい」「自分の技術能力経験を生かしたい」「新しい人と出会いたい」「何か感動のできる体験をしたい」を《自己向上志向》，「動機がわからない」を《わからない》とした。また，障害者福祉意識における知的障害者理解については，「一生懸命生きている」「とても純粋である」を《感銘的理解》，「かわいそう」「知能が低い」「一人で生きられない」を《同情的理解》，「自分とは関係ない」を《無関心》とした。

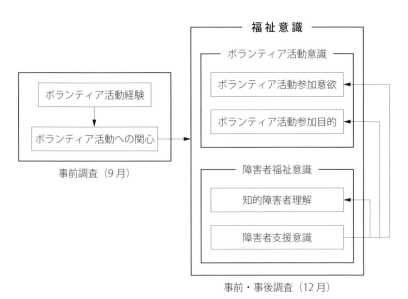

図 3-1　事前・事後調査の枠組み

3　結果および考察

（1）ボランティア活動経験とボランティア活動への関心

　ボランティア活動経験の実態をみると，ボランティア活動をまったく経験したことがない者は33.9%で，約7割は何らかのボランティア活動を経験している。活動内容をみると，図3-2の通り，「地域の美化に関する活動」が37.1%，「募金活動」が20.9%と多い。しかし，「障害者に対する活動」「高齢者に対する活動」などの対人サービスの経験者は少なく，意識的にこれらの活動を設ける必要がある。

　ボランティア活動の経験別に，ボランティア活動への関心をみると，図3-3の通り，「活動経験なし」よりも「活動経験あり」の方が関心が高く，ボランティア活動を経験することによって，ボランティア活動への関心が高まることがわかる。

　ボランティア活動の経験を，「高齢者に対する活動」「障害者に対する活動」「児童・青少年に対する活動」の合計を《福祉活動》（対人サービス），「国際交

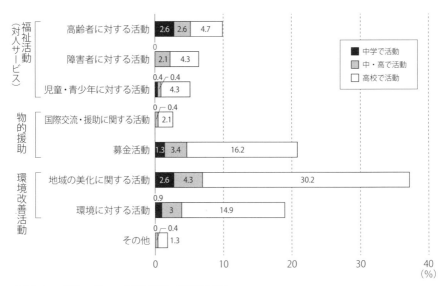

図 3-2　ボランティア活動経験（複数回答）

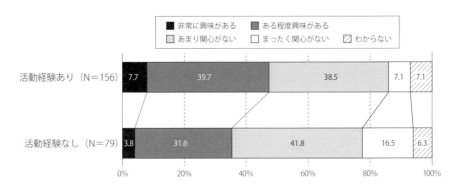

図 3-3　ボランティア活動経験別にみたボランティア活動への関心

流・援助に関する活動」「募金活動」の合計を《物的援助》,「地域の美化に関する活動」「環境に対する活動」の合計を《環境改善活動》として，ボランティア活動への関心との関係をみると，図 3-4 の通り，《福祉活動》（対人サービス）を経験した者が，他の活動経験者に比べ，ボランティア活動への関心が高いことがわかる。

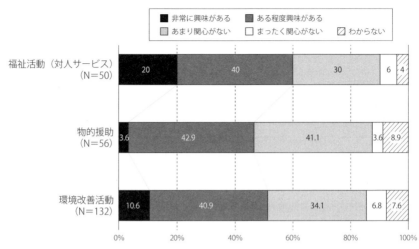

図3-4 ボランティア活動経験内容別にみたボランティア活動への関心

（2）知的障害者との交流体験学習による福祉意識の変化

❶ボランティアへの関心の有無別福祉意識の比較

● ボランティア活動への参加意欲

　知的障害者との交流体験学習による福祉意識の変化をみるにあたって，まず，ボランティア活動への関心の高い者と低い者で，どのように福祉意識が変化するかを比較することとした。そこで，ボランティア活動に「非常に興味がある」「ある程度興味がある」と答えた者を関心上位群（n = 102），「あまり関心がない」を関心中位群（n = 92），「まったく関心がない」を関心下位群（n = 25）とした。

　ボランティア活動への関心の有無別に，ボランティア活動への参加意欲をみると，表3-2の通り，事前・事後調査とも関心上位群・下位群間でボランティア活動への参加意欲に有意な差がみられた。関心上位群は，《福祉活動》《物的援助》《環境改善活動》ともに意欲が高く，関心下位群では事前調査で60%が「どれにも参加したくない」と答えており，ボランティア活動への参加意欲は非常に低いことがわかる。

　事前・事後別に比較すると，関心上位群は事前のボランティア活動への参

表 3-2 ボランティア活動への参加意欲（ボランティア活動への関心別事前・事後別比較）（複数回答）

%

関心			福祉活動（対人サービス）	物的援助	環境改善活動	どれにも参加したくない
上位	事前		25.5	38.7	44.1	3.9
	事後		29.1	40.2	40.7	3.9
下位	事前		6.7	16.0	14.0	60.0
	事後		17.3	24.0	22.0	52.0
検定	上位群・下位群間	事前	***	***	***	***
		事後	*	*	*	***
	事前・事後間	上位群	n.s.	n.s.	n.s.	n.s.
		下位群	*	n.s.	n.s.	n.s.

$^*p<0.05$　$^{***}p<0.005$　（比率の差の検定）

加意欲がもともと高かったため有意差はみられない。一方，関心下位群では，《福祉活動》《物的援助》《環境改善活動》ともに事後の方が高くなっており，《福祉活動》に対する参加意欲では有意に高くなっている。実際に知的障害者との交流体験をすることは，特に関心下位群にとって，福祉活動への参加意欲を高めるといった点で効果的であることが明らかになった。

● ボランティア活動への参加目的

ボランティア活動への関心の有無別にボランティア活動への参加目的をみると表 3-3 の通りで，事前調査において関心上位群・下位群間で有意差がみられ，関心上位群は《他者支援志向》《自己向上志向》とも高く，特に「地域をよりよくしたい」「困っている人の手助けをしたい」「何か感動のできる体験をしたい」などが高くなっている。関心下位群では，40％がなぜボランティア活動をする必要があるのか，動機が「わからない」と答えている。ボランティア活動に対する意義を見いだせないことが，関心の低さにつながっているとも考えられる。事後調査については，関心上位群と下位群間で有意な差はみられない。

事前・事後で比較すると，関心下位群では，《他者支援志向》《自己向上志向》ともに高くなっており，特に「自分のやりたいことを発見したい」が有意に高まり，「わからない」も 32％へと減少している。知的障害者との交流体験学習は，自己発見，福祉意識の育成の上で，関心下位群にとっては特に効果的

表 3-3 ボランティア活動への参加目的（ボランティア活動への関心別事前・事後別比較）（複数回答）

%

関心			他者支援志向			自己向上志向						わからない
			地域をよりよくしたい	困っている人の手助けをしたい	平均	自分のやりたいことを発見したい	進学就職で有利になるようにしたい	自分の技術能力経験を生かしたい	新しい人と出会いたい	何か感動のできる体験をしたい	平均	
上位	事　前		76.5	53.9	65.2	26.5	19.6	20.6	33.3	39.2	27.8	7.8
	事　後		37.3	45.1	41.2	34.3	31.4	21.6	30.4	33.3	30.2	11.8
下位	事　前		24.0	20.0	22.0	4.0	20.0	12.0	8.0	8.0	10.4	40.0
	事　後		32.0	28.0	30.0	24.0	28.0	16.0	20.0	24.0	22.4	32.0
検定	上位群・下位群間	事前	***	***	***	*	n.s.	n.s.	*	***	***	***
		事後	n.s.	n.s.	n.s.	n.s.	n.s.	n.s.	n.s.	n.s.	n.s.	*
	事前・事後間	上位群	***	n.s.	***	n.s.	n.s.	n.s.	n.s.	n.s.	n.s.	n.s.
		下位群	n.s.	n.s.	n.s.	**	n.s.	n.s.	n.s.	n.s.	*	n.s.

$^*p<0.05$　$^{**}p<0.01$　$^{***}p<0.005$　（比率の差の検定）

であったといえる。

● 知的障害者理解

ボランティア活動への関心の有無別にみた知的障害者理解は表 3-4 の通りで，事前調査において，関心上位群は関心下位群に比べ，「一生懸命生きている」といった《感銘的理解》が有意に高い。《同情的理解》については関心上位群の 61.8％ が「かわいそう」と答えているのに対して，関心下位群では 32.0％ である。さらに，「自分とは関係ない」という《無関心》は，関心上位群が 5.9％ であるのに対して，関心下位群は 36％ と非常に高い。

事前・事後で比較すると，関心上位群では，「とても純粋である」が有意に高まっている。関心下位群では《同情的理解》が若干減少して，《感銘的理解》が高くなり，《無関心》が 28％ に減少している程度で，すべての項目について有意な差がなく，関心下位群の場合，わずか1回の知的障害者との交流体験では，知的障害者理解が高まるところまではいっていないことがわかる。

● 障害者支援意識

障害者支援意識を把握するにあたっては，「席をゆずる」「横断歩道や階段で手助けをする」「車椅子を押す」「一緒に遊ぶ」「入浴や着替えなどのお手伝い」

表3-4 知的障害者理解(ボランティア活動への関心別事前・事後別比較)(複数回答)

%

関心		感銘的			同情的				無関心
		一生懸命生きている	とても純粋である	平均	かわいそう	知能が低い	1人で生きられない	平均	
上位	事　前	53.9	8.8	31.4	61.8	10.8	17.6	30.1	5.9
	事　後	46.1	19.6	32.8	52.9	13.7	20.6	29.1	5.9
下位	事　前	28.0	4.0	16.0	32.0	20.0	16.0	22.7	36.0
	事　後	32.0	12.0	22.0	12.0	28.0	16.0	18.7	28.0
検定	上位群・下位群間 事前	*	n.s.	*	**	n.s.	n.s.	n.s.	***
	上位群・下位群間 事後	n.s.	n.s.	n.s.	***	n.s.	n.s.	n.s.	***
	事前・事後間 上位群	n.s.	**	n.s.	n.s.	n.s.	n.s.	n.s.	n.s.
	事前・事後間 下位群	n.s.	n.s.	n.s.	n.s.	n.s.	n.s.	n.s.	n.s.

$^*p<0.05$　$^{**}p<0.01$　$^{***}p<0.005$（比率の差の検定）

表3-5 障害者支援意識(ボランティア活動への関心別事前・事後別比較)(複数回答)

数値は平均値

関心		席をゆずる	横断歩道や階段で手助けをする	車椅子を押す	一緒に遊ぶ	入浴や着替えなどのお手伝い	相談相手・話し相手	手話・点訳・音読
上位	事　前	2.50	2.07	2.05	1.87	2.05	2.13	2.04
	事　後	2.52	2.02	2.14	1.74	1.52	2.08	2.12
下位	事　前	1.80	1.36	1.40	1.32	1.20	1.36	1.44
	事　後	1.96	1.52	1.56	1.44	1.28	1.52	1.60
検定	上位群・下位群間 事前	***	***	***	***	***	***	***
	上位群・下位群間 事後	***	***	***	***	*	***	***
	事前・事後間 上位群	n.s.	n.s.	n.s.	n.s.	***	n.s.	n.s.
	事前・事後間 下位群	n.s.	n.s.	n.s.	n.s.	n.s.	n.s.	n.s.

$^*p<0.05$　$^{***}p<0.005$　（t検定）

「相談相手・話し相手」「手話・点訳・音読」といった7つの支援項目について,やってみたいを3点,どちらともいえないを2点,やりたくないを1点として,平均点を算出し,障害者支援意識得点とした。

ボランティア活動への関心の有無別にみた障害者支援意識は,表3-5の通りで,事前・事後調査とも関心上位群は,関心下位群より,すべての項目において支援意識が有意に高い。

事前・事後で比較すると,関心上位群では大きな変化はないが,「入浴や着

替えなどのお手伝い」は有意に下がっている。これは、障害者と接して、実際に支援することの難しさを感じたためと考えることもできる。関心下位群では、障害者との交流体験学習の事後では7項目とも若干意識が高くなっているが有意な差はみられず、わずか1回の体験学習で障害者支援意識の向上を期待するのは無理があるといえる。

❷障害者支援意識別福祉意識の比較

人権意識を中核とした福祉意識を形成するということは、究極的に障害者支援意識が形成されることと考えられる。そこで、障害者支援意識と福祉意識の関連をみることとした。事後調査における障害者に対する7つの支援項目の平均点が、2.2以上を上位群（n = 53）、1.6〜2.2未満を中位群（n = 117）、1.6未満を下位群（n = 64）とし、上位群・下位群間で、福祉意識の比較を試みた。

結果は表3-6の通りで、支援意識上位群・下位群間で比較すると、ボランティア活動への参加意欲、ボランティア活動の参加目的とも、上位群の方が有意に高い。知的障害者理解では、支援意識上位群の方が《感銘的理解》が高いのに対して、支援意識下位群の方は《同情的理解》が高くなっている。「自分とは関係ない」という《無関心》は、支援意識下位群では18.8%みられるのに対して、支援意識上位群では1人も《無関心》はいなかった。

このことから、障害者支援意識が高い者はボランティア活動への参加意欲が高く、ボランティア活動への参加目的が明確で、知的障害者の理解も高く、障害者支援意識を高めることは人権意識や福祉意識の形成に関連があるといえる。

表3-6 障害者支援意識別福祉意識 (%)

障害者支援意識	ボランティア活動への参加意欲				ボランティア活動参加目的			知的障害者理解		
	福祉活動（対人サービス）	物的援助	環境改善活動	どれにも参加したくない	他者支援志向	自己向上志向	わからない	感銘的	同情的	無関心
上位群	34.6	43.4	52.8	1.9	54.7	34.0	1.9	50.0	19.3	0.0
下位群	12.5	26.6	27.3	34.4	19.5	16.9	40.6	15.6	32.4	18.8
検定	***	**	***	***	***	**	***	***	**	***

$*p<0.05$　$**p<0.01$　$***p<0.005$　（比率の差の検定）

❸知的障害者理解による人権意識の形成

　知的障害者との交流体験学習における生徒の知的障害者に対する意識の変化をみるために，事後の自由記述による270名の生徒の感想をKJ法で分析した。結果は図3-5の通りで，初めの気持ちとしては，150人が「嫌だ」「恐怖」「笑ってしまった」など否定的理解を示している。しかし，知的障害者の方々がとてもうれしそうに接してくれ，箱折りなどの作業を一生懸命にしている様子を見て，否定的理解をしていた150人を含め計252人の生徒が，交流するにしたがって「純粋さ」「一生懸命生きている」など，知的障害者に対して肯定的理解を示すようになっている。さらに，交流を通して知的障害者を理解したことによって，「人間の尊厳の確認，一人ひとりを大切にするといった人権意識」（一番ヶ瀬，1995）がめばえており，83人が自分に対して思いを巡らし，「嫌だ」と思っていた自分を反省し，「一生懸命生きていない」自分のことを考え，自己発見し，自己の人権意識を自覚している。さらに，69人は知的障害者との交流を通して，「福祉の必要性」「地域，国の援助」などへ目が向けられるようになり，障害者への人権意識が形成されている。

　交流体験学習の効果については，自由記述の感想をみると，116人が「行って良かった」「ボランティア活動に参加したい」「福祉関係の仕事をしてみたいと思った」など体験学習の意義を感じ取っている。

　以上の結果から，ボランティア活動への関心を高めるには福祉活動（対人サービス）を導入することが効果的であること，福祉意識の形成にあたって障害者との交流体験学習をすることは関心下位群にとって特に有効であること，障害者支援意識が高い者は特に福祉意識が高いこと，知的障害者と交流を持つことにより知的障害者への理解が深まり，人権意識が形成されること，などが明らかになった。

　今後，さらに家庭科教育に福祉教育としてのボランティア活動を積極的に取り入れるためには，①教師側の積極的な地域への働きかけ，すなわち地域の福祉施設，高齢者，障害者，ボランティア団体等と，学校または教師の信頼関係を築くこと，②ボランティア活動の機会を持ちにくい高校生に，限られた時間の中で福祉活動としてのボランティア活動を導入するためのカリキュラムを工夫すること，③授業時間内での導入は効果的であるものの限界があるため，時

知的障害者理解

否定的理解【初めの気持ち】（150人）
- 緊張と少しの恐怖があった
- 始めは，嫌だなあと思っていた
- 自分との差にショックを受けた
- わけのわからないことをしているのを見て笑ってしまった

肯定的理解【交流を通して】（252人）
- 明るい人が多く，やさしく作業を教えてくれた
- 一緒に仕事や話をしてすごくうれしそうだった
- 自分達に与えられた仕事をしっかりとこなしていた
- 本当に一生懸命に生きているんだと感じた
- 純粋な気持ちを持っていてすばらしい人達だと思った
- 生きるための笑顔，みんな笑って生活できるというすばらしさを知った

人権意識

自分の人権意識の自覚（83人）
- 差別の目でみていた自分が恥ずかしいと思った
- さっきまで笑っていた自分がとても嫌になった
- 健康な体に育ってきたことを感謝しなければならないとつくづく感じた
- 自分も障害者を見習って一生懸命生きていこうと思った
- 自分は何事にも全力でやっていない これからは，何事にも全力でやりとげたい

体験学習の意義（116人）
- 今までまったく考えていなかった福祉のことが少し頭の片隅に残った
- 行って良かった。機会があればまた行きたい
- いろいろなボランティア活動に参加したい
- なんか，すがすがしい心になった
- 施設の先生達も根気のいる仕事だなと思った
- 福祉関係の仕事をしてみたいと思った

障害者への人権意識（69人）
- 障害をもつ人への気持ちも同情ではなく，理解することが大切だと思った
- たまたま障害をもってしまっただけであって，決して差別をしてはいけない。それが，当たり前の社会になるといい
- この人達をあざ笑っている人のほうが小さな存在なのだ
- 家族だけでなく，近所の人々や国が助けるべきだと思う
- 税金をくだらない所に使わずにこういった所で役立ててほしい。施設の大切さを知った

図3-5　知的障害者理解による人権意識の形成（270名の感想の分析）

間外の学校家庭クラブ活動などの導入を工夫すること，などを推し進めていくことが必要と考えられる。

4 要約

高校家庭科の授業に知的障害者との交流体験学習を導入し，福祉意識の形成を試みた。結果の概要は次の通りである。

1) ボランティア活動を経験することにより，ボランティア活動への関心が高まる。なかでも，人に対するボランティア活動（福祉活動）を経験した者は，ボランティア活動への関心が高い。
2) ボランティア活動への関心が高いほど，ボランティア活動への参加意欲が高い。ボランティア活動の参加目的としては，《他者支援意識》が高く，知的障害者への理解，障害者支援意識が高い。
3) 知的障害者との交流体験学習は，ボランティア活動への関心の低い者に対して，ボランティア活動への参加意欲を高め，ボランティア活動への参加目的を認識させる上で効果的である。
4) 障害者支援意識が高い者は，ボランティア活動への参加意欲が高く，ボランティア活動の参加目的の認識，知的障害者への理解が高い。
5) 知的障害者との交流体験は，知的障害者への理解を深め，人権意識の形成に役立つ。

以上の結果から，知的障害者と交流体験学習を導入することは，人権意識を中核とした福祉意識の形成に効果的であることが明らかとなった。

第2節　食生活課題解決能力を育成する授業

――食生活課題解決への主体性意識の育成

生活活動と食事バランス診断を導入した献立学習を通して

1　目的

　現在，我が国では生活習慣病の増加が深刻な問題となっている。2000年，厚生省は生活習慣病の減少を目指して，以後10年間の国民の健康づくり運動の計画を『健康日本21』に発表した。その中で同省は，一生を健康に過ごすために，食生活，運動，休養，喫煙，飲酒といった健康管理を主体的に実践していくことの必要性を強調している。特に生活習慣病の予防として，体型のBMI判定の実施による肥満者の減少と，適正体重の維持を目標に挙げ，各自が日常生活における健康の自己管理能力を持つことを求めている。自己管理能力の養成には，学校教育において，健康に過ごすための知識と日常生活において主体的に実践しようとする食生活課題解決への主体性意識を養うことが重要と考える。

　2000年度国民栄養調査結果によれば，15～19歳男子の朝食の欠食率は13.3%と高く，健康や食生活に対する関心も女子に比べて低いことが報告されている（健康・栄養情報研究会，2002）。この報告は高校家庭科が男女必修になって7年が経過した時点の調査であるが，学校教育における食生活教育の問題点を示唆していると考える。現在，成人男性の生活習慣病の罹患率は女性に比べて深刻で，特に30～60歳代の壮年男性の約3割は肥満と判定されている。今後，成人男性の生活習慣病の罹患率を低下させるためには，男子生徒への効果的授業を行うことが重要といえる。

　そこで，男子生徒を対象に，適正体重を維持するためには，食事と生活活動のエネルギーバランスが重要であることを理解させることが必要と考え，まずパソコンを用いて自分の生活活動と食事のバランスを診断させ，自分自身の食

生活の問題点を発見させた。次に問題解決のための献立学習を行った。本研究では、このような献立学習が食生活課題解決への主体性意識の養成に有効か否かを検証した。

2 方法

(1) 調査対象と授業の枠組み

授業対象は，第1節と同じ千葉商科大学付属高等学校の2年生2クラス77名の男子生徒で，1999年度2学期，「生活一般」の食物分野の授業16時間を使って実施した。生活活動と食事バランスの診断については，1998年度にも行い，今回とほぼ同様の結果を得た。

77名の男子生徒の属性は，運動部に所属している者が26名，運動部に所属していない者が51名で，体格判定を示すBMI（体重／身長^2）の平均は21.3で，厚生省の『健康日本21』の判定区分によると，やせすぎ（BMI18.5未満）の者は10.4％，肥満（BMI25.0以上）の者は6.5％であった。

授業の流れは，表3-7の通りで，「1. 生活活動と食事のバランス診断（パソコン実習）」「2. 栄養・食品についての学習」「3. 調理実習」「4. 献立作成（パソコン実習）」である。

パソコンの活用にあたっては，栄養価計算ソフトに消費エネルギーを算出してエネルギーバランス診断ができるように，ソフト開発業者（ライフネットエンタープライズ）に依頼して作成してもらったソフト「健康家族」を使用した。

(2) 授業効果の分析方法

授業効果の分析にあたっては，(1)生活活動と食事のバランス診断導入の効果，(2)作成献立の評価，(3)食生活課題解決への主体性意識の変容の3点からみることとした。

(1)生活活動と食事のバランス診断については，1日の生活時間調査から算出した消費エネルギーと，1日の食事調査から算出した摂取エネルギーからエネルギーバランスを分析した。生活活動と食事バランス診断導入の効果については，診断結果に対する自由記述の全員の感想をすべて挙げて，KJ法（川喜田，

表3-7 授業の流れ

授　業		配当時間
事前テスト	食生活主体性意識の測定	
1. 生活活動と食事の バランス診断 （パソコン実習）	①自分の1日分の食事・生活時間調査	2時間
	②生活活動と食事のバランス診断 　・自分の体型判定 　・1日分の食事の栄養計算 　・1日分の生活活動から消費エネルギーの計算	2時間
	③自分の食生活の問題点の発見	2時間
2. 栄養・食品につい ての学習	④栄養素の働きと食品の栄養価値に関する資料の 収集整理	4時間
3. 調理実習	⑤昼食献立の実習	4時間
4. 献立作成 （パソコン実習）	⑥調理実習献立の栄養計算	2時間
	⑦自分の栄養所要量をみたす1日の献立作成	
	⑧食事における重視点調査	
事後テスト	食生活主体性意識の測定	
合計		16時間

1984）により分析した。

(2) 作成献立の評価については，武藤・山岸（1989）における献立の評価の項目を参考にして，栄養バランス，味の取り合わせ，料理の組み合わせの3点について5段階尺度で教師が評価した。

(3) 食生活課題解決への主体性意識の測定にあたっては，1989年改訂学習指導要領の食物領域に基づいて，健康で主体的な食生活を送るために必要と考えられる「食事と運動」「栄養」「食品」「購入」「調理」の5つの領域に対する意識について取り上げた。そして，各領域ごとに5問，計25問の質問項目を設定して5段階尺度で回答させ，得点化（5～1点）して平均点を求め，食生活主体性意識得点とすることにした。

この尺度の妥当性の検証にあたっては，事前アンケートの結果について，食生活主体性意識得点の上位4分の1以上を上位群，下位4分の1以下を下位群として，各質問項目の弁別力の検討（橋本，1976）を行った。その結果は表3-8の通りで，各領域とも上位群と下位群間で得点に有意差があり，妥当性が検証された。

表 3-8 食生活主体性意識測定尺度の妥当性の検討

平均 [SD]

	番号	質問項目	上位群（18人）		下位群（19人）		t検定	
食事と運動	1	体重の増減はあまり気にしない	3.11	3.72 [0.48]	2.26	2.51 [0.51]	−	***
	2	毎日なるべく体を動かして運動したい	4.56		3.37		***	
	3	常に腹いっぱいに食べたい	2.11		1.84		−	
	4	運動量に応じた食事量をとるようにしたい	4.56		2.95		***	
	5	夜寝る前はなるべく食べないようにしたい	4.28		2.11		***	
栄養	6	好きなものなら毎食でも食べたい	2.78	4.13 [0.46]	2.37	2.80 [0.58]	−	***
	7	栄養のバランスを考えて食べたい	4.72		2.95		***	
	8	食品の組み合わせを考えて食べたい	4.33		2.68		***	
	9	嫌いでも栄養のあるものはなるべく食べるようにしたい	4.39		2.42		***	
	10	食事は三食きちんと食べるよう心がけたい	4.44		3.58		*	
食品	11	野菜をなるべく多く食べるようにしたい	4.72	3.98 [0.54]	3.11	2.73 [0.51]	***	***
	12	乳製品はあまり食べたくない	4.11		3.21		*	
	13	豆製品をなるべく多く食べるようにしたい	3.89		2.63		***	
	14	魚はあまり食べたくない	4.22		3.11		***	
	15	清涼飲料をなるべく飲まないようにしたい	2.94		1.58		***	
購入	16	食品を買うとき，値段を比較して選びたい	4.17	4.07 [0.47]	3.11	3.34 [0.50]	**	***
	17	無農薬野菜は割高なので買いたくない	3.67		3.26		−	
	18	食品を買うとき，表示をよく確認して選びたい	4.44		3.37		***	
	19	外食をするとき，メニューは自分で考えて選びたい	4.17		3.89		−	
	20	弁当を作るより，コンビニの弁当を利用したい	3.89		3.05		*	
調理	21	調理をするとき，能率を考えて作りたい	4.56	4.30 [0.20]	2.47	3.25 [0.66]	***	***
	22	自分で料理を作って食べたくない	3.67		3.68		−	
	23	いろいろな料理を作れるようになりたい	4.94		3.89		***	
	24	自分で献立を立てて食事を作ってみたい	3.67		2.63		*	
	25	調理をするとき，味付けの工夫をしたい	4.67		3.58		***	

番号網掛けは逆転項目。　　　　　　　　　　　　　$^{*}p<0.05$　　$^{**}p<0.01$　　$^{***}p<0.005$

食生活課題解決への主体性意識の変容については，以下の4点から検討することとした。

①食生活主体性意識得点の事前・事後比較——授業を通して，食生活課題解決への主体性意識が育成されたかをみるため，授業の事前・事後で食生活主体性意識得点を比較した。

②食生活主体性意識得点群別の献立得点比較——食生活主体性意識得点群別による献立作成能力をみるため，事後の食生活主体性意識得点（平均3.75，標準偏差0.41）が4.0以上を主体性意識上位群（4分の1），3.5以下を主体性意識下位群（4分の1）として，作成した献立得点を比較した。

③食生活主体性意識得点群別の食事における重視点比較——事後の食生活主体性意識得点群別による食事における重視点を比較するために，実際に食事をとるときに「味」「料理の組み合わせ」「栄養」「品数」「嗜好」「見た目」「調理時間」「値段」「雰囲気」「食品の組み合わせ」「安全」について，どの程度重視するかを5段階尺度で回答した結果を比較した。

④事前の食生活主体性意識得点群別授業効果——食生活主体性意識得点の上昇がどの群に効果的であるかをみるため，事前の食生活主体性意識得点（平均3.41，標準偏差0.43）が3.7以上を主体性意識上位群（4分の1），3.1〜3.7を主体性意識中位群，3.1以下を主体性意識下位群（4分の1）として，事前・事後の得点差を比較した。

3　結果および考察

（1）生活活動と食事のバランス診断導入の効果

❶生活活動と食事のバランス診断結果

以下は，1日分の生活時間・食事調査から生活活動と食事のバランス診断を実施した生徒77名の集計結果である。

● エネルギーバランス

エネルギー所要量，消費エネルギー，摂取エネルギーの各平均値は，2975 kcal，2899 kcal，2417 kcal であり，所要量の81.0％，消費量の83.4％しか摂取

しておらず，消費エネルギーに対する不足は482kcalであった。特に運動部の生徒は，平均すると消費エネルギーの76.7%しか摂取しておらず，エネルギー不足が顕著であった。また，欠食による極端な摂取不足の者もいる一方で，消費エネルギーよりも1000kcal以上摂取している者が5.2%いた。

● 栄養素のバランス

エネルギー以外の栄養素について，平均所要量に対する平均摂取量の割合をみると，所要量に満たなかったのは，カルシウム65.0%，鉄93.6%，ビタミンB_2 91.1%，ナイアシン91.6%であり，特にカルシウムの摂取量が不足していた。

● 食品のバランス

4つの食品群別摂取量の目安と摂取量を比較すると，穀物，豆，いも，果物の摂取不足が目立ち，特に，豆，いも，果物については，それぞれ30.7%，53.3%，57.3%の者がまったく摂取していなかった。

❷生活活動と食事のバランス診断結果に関する自由記述の分析

生活活動と食事のバランス診断結果に対する自由記述をKJ法により分析した結果は，図3-6の通りで，生活活動と食事のバランス診断を通して，エネルギーバランス，栄養素のバランス，食品バランス，生活態度などの問題点を具体的に挙げていた。自分の問題点がわかったことにより，「今後気をつけたいこと」として，①エネルギーバランスについては，運動と食事のバランス，運動にみあった食事の必要性を，②栄養素のバランスについては，栄養バランスに気をつける，バランスのよい食事を心がけたい，③食品のバランスについては，自分の不足している食品の発見により，何を食べたらよいかを具体的に挙げていた。その他，④生活態度についても，食事，運動，睡眠や，欠食，偏食などの生活習慣や健康について気をつけなければいけないことを挙げている。

このように，食物分野の授業の導入として生活活動と食事のバランス診断をすることは，自分の食生活の問題点を発見して解決方法を考えることによって，栄養・食品についての学習が自分のために必要であるという意識付けを行う上で効果的であることがわかる。

わかったこと（問題の発見）		今後気をつけたいこと（解決法）	
エネルギーバランス（延べ66人）		**エネルギーバランス（延べ38人）**	
・熱量が不足している	24人	・運動にみあった食事をする	4人
・運動にみあった食事をしていない	9人	・運動と食事のバランスをとりたい	9人
・食事の量が少ない	8人	・食べる量をふやす	7人
・運動不足	11人	・食べ過ぎない	2人
・食べ過ぎ	6人	・運動をもっとする	15人
・1日生活すると結構エネルギーを消費する	2人	・なるべく多く歩くようにしたい	1人
・基礎代謝が多いのに驚いた	2人		
・食事と運動の関係がわかった	4人		
栄養素のバランス（延べ110人）		**栄養素のバランス（延べ71人）**	
・栄養素の不足しているものが多い	23人	・栄養バランスに気をつける	22人
・栄養のバランスが悪い	15人	・バランスのよい食事を心がける	17人
・カルシウムが不足	19人	・栄養所要量を満たす食事をする	7人
・ビタミンが不足	15人	・もっとカルシウムをとる	8人
・鉄が不足	5人	・ビタミンを多くとる	6人
・動物性脂肪が多い	11人	・脂肪のとりすぎに気をつける	4人
・PFCバランスが悪い	5人	・もっと鉄をとる	2人
・たんぱく質が多い	5人	・食物繊維を多くとる	3人
・ビタミンA, Cが多い	5人	・PFCバランスに気をつける	1人
・たんぱく質不足	3人	・コレステロールを減らす	1人
・食物繊維不足	3人		
・コレステロール取り過ぎ	1人		
食品のバランス（延べ40人）		**食品のバランス（延べ27人）**	
・食品の種類が少ない	5人	・いろいろな食品群を過不足なく食べる	10人
・不足している食品が多い	3人	・もっといろいろな食品を食べる	4人
・野菜が不足	6人	・1日30品目を心がけたい	1人
・果物を食べていない	6人	・もっと野菜を食べる	5人
・いもが不足	5人	・油っこいものをひかえる	2人
・豆を食べていない	4人	・牛乳を飲む	2人
・乳製品を食べていない	4人	・飯をもっと食べる	1人
・穀物が不足	3人	・果物を食べる	1人
・卵が不足	2人	・塩分摂取量10g以下にする	1人
・魚を食べていない	2人		
生活態度，その他（延べ46人）		**生活態度，その他（延べ34人）**	
・自分の生活バランスがわかった	6人	・毎日，食事，運動，睡眠に気をつけて生活したい	7人
・日頃考えなかったことがいろいろわかった	3人	・朝食の欠食が多いので朝食をとるようにする	4人
・睡眠時間が多い	7人	・朝昼晩，三食きちんと食べる	4人
・睡眠状態がよい	5人	・間食をへらす	2人
・睡眠不足	3人	・なるべく好き嫌いをなくしたい	2人
・規則正しい生活をした方がよいとわかった	1人	・インスタント食品をあまり利用しない	2人
・食事はバランスよくとらないといけない	3人	・睡眠をきちんととる	5人
・バランスよく食事をとるのは難しい	1人	・もっと健康に気をつける	3人
・食事をおろそかにしている	1人	・病気の予防になるような生活を送りたい	1人
・間食はなるべくしない方がよい	3人	・偏りのない食事が健康のためだ	1人
・不健康だとわかった	1人	・やせているのでもっと食べないといけない	1人
・太る原因が脂肪が多いからだとわかった	1人	・BMIが高いのでやせたい	1人
・ダイエットは危険ということがわかった	1人	・自分に何が足りないかわかったので今後役立てたい	1人
・体型がやせすぎ	5人		
・BMIが高くて太っている	3人		
・意外に自分の肥満度が低かった	2人		

図 3-6　生活活動と食事のバランス診断結果に関する自由記述の分析（77名）

(2) 作成献立の評価

　調理実習を実施した後，パソコンを使って実習献立の栄養計算をした上で，各自，実習献立を昼食に摂取した場合に，1日の栄養所要量を満たせるような朝食と夕食を考え，1日分の献立を完成させた。

　作成献立（朝食・夕食）を評価した結果，献立得点は，栄養バランス3.82，料理の組み合わせ3.59，味の取り合わせ3.56，総合平均点は3.66で，栄養バランスの得点が特に高かったのは，パソコンで栄養計算をしながら所要量に近づけたためと考えられる。

　パソコンによる献立作成についての感想をみると，パソコンを使うことについては，「おもしろかった」66.7％，「便利」66.7％と答えており，楽しく献立作成をする上で有効といえる。しかし，「わかりやすい」52.0％，「簡単」58.6％で，献立作成後の自由記述の感想をみると，栄養所要量を満たすために食品成分表をみながら試行錯誤することで，献立作成の大変さや難しさを実感している者もみられた。

(3) 食生活課題解決への主体性意識の変容

❶食生活主体性意識得点の事前・事後比較

　食生活主体性意識得点を事前・事後で比較した結果，表3-9の通り，「購入」以外のすべての領域で事後の方が有意に高まっていた。「食事と運動」「栄養」「食品」の各領域については，生活活動と食事のバランス診断，栄養・食品についての学習，献立作成の授業を通して高まり，「調理」領域については調理実習を通して調理への興味が高まったと考えられる。「購入」領域については，授業でほとんど扱えなかったため，食生活主体性意識得点に変化がみられなかった。

❷食生活主体性意識得点群別の献立得点比較

　事後の食生活主体性意識得点群別に献立得点を比較した結果，表3-10の通り，主体性意識上位群の献立得点は3.92，下位群の献立得点は3.35で，上位群の方が下位群よりも有意に高かった。食生活課題解決への主体性意識の高い者の方が低い者と比較して，献立作成能力が高いといえる。

表 3-9　食生活主体性意識得点の事前・事後比較（n=77）

平均［SD］

	番号	質問項目	事前		事後		t 検定	
食事と運動	1	体重の増減はあまり気にしない	2.58	3.10 [0.68]	2.62	3.39 [0.63]	−	**
	2	毎日なるべく体を動かして運動したい	4.05		4.22		−	
	3	常に腹いっぱいに食べたい	2.05		2.37		*	
	4	運動量に応じた食事量をとるようにしたい	3.66		4.16		**	
	5	夜寝る前はなるべく食べないようにしたい	3.13		3.61		*	
栄養	6	好きなものなら毎食でも食べたい	2.65	3.53 [0.72]	3.20	3.84 [0.70]	***	**
	7	栄養のバランスを考えて食べたい	3.92		4.17		−	
	8	食品の組み合わせを考えて食べたい	3.51		3.89		*	
	9	嫌いでも栄養のあるものはなるべく食べるようにしたい	3.44		3.68		−	
	10	食事は三食きちんと食べるよう心がけたい	4.15		4.24		−	
食品	11	野菜をなるべく多く食べるようにしたい	3.92	3.33 [0.67]	4.09	3.80 [0.58]	−	***
	12	乳製品はあまり食べたくない	3.68		4.29		***	
	13	豆製品をなるべく多く食べるようにしたい	3.04		3.36		*	
	14	魚はあまり食べたくない	3.66		4.12		**	
	15	清涼飲料をなるべく飲まないようにしたい	2.36		3.14		***	
購入	16	食品を買うとき，値段を比較して選びたい	3.51	3.66 [0.54]	3.70	3.67 [0.60]	−	−
	17	無農薬野菜は割高なので買いたくない	3.40		3.22		−	
	18	食品を買うとき，表示をよく確認して選びたい	3.70		3.64		−	
	19	外食をするとき，メニューは自分で考えて選びたい	4.24		4.12		−	
	20	弁当を作るより，コンビニの弁当を利用したい	3.46		3.67		−	
調理	21	調理をするとき，能率を考えて作りたい	3.54	3.77 [0.64]	3.93	4.04 [0.57]	*	**
	22	自分で料理を作って食べたくない	3.87		3.91		−	
	23	いろいろな料理を作れるようになりたい	4.46		4.66		−	
	24	自分で献立を立てて食事を作ってみたい	3.20		3.41		−	
	25	調理をするとき，味付けの工夫をしたい	3.78		4.30		***	
		総合	3.41 [0.43]		3.75 [0.41]		***	

番号網掛けは逆転項目。　　　　　　　　　　　　　　　　*$p<0.05$　**$p<0.01$　***$p<0.005$

表3-10 事後の食生活主体性意識得点別献立得点比較

平均[SD]

献立評価	主体性意識上位群（22人） （主体性意識得点 4.0 以上）	主体性意識下位群（21人） （主体性意識得点 3.5 以下）	全体	検定
栄養バランス	3.95 [0.79]	3.55 [1.00]	3.82 [0.81]	—
料理の組み合わせ	4.00 [1.07]	3.25 [0.85]	3.59 [0.95]	*
味の取り合わせ	3.82 [1.01]	3.25 [0.91]	3.56 [0.93]	-
総合	3.92 [0.81]	3.35 [0.79]	3.66 [0.78]	*

$^{*}p<0.05$

表3-11 事後の食生活主体性意識得点群別食事における重視点比較

平均[SD]

食事の重視点	主体性意識上位群（22人） （主体性意識得点 4.0 以上）	主体性意識下位群（21人） （主体性意識得点 3.5 以下）	検定
味	4.59 [0.59]	4.24 [0.77]	—
料理の組み合わせ	4.41 [0.80]	3.19 [0.98]	***
栄養	4.54 [0.74]	3.38 [1.20]	***
品数	3.73 [1.08]	3.10 [1.04]	—
嗜好	3.86 [1.13]	3.86 [1.11]	—
見た目	3.69 [1.13]	3.29 [1.01]	—
調理時間	3.59 [0.91]	2.76 [1.22]	*
値段	3.91 [1.15]	3.38 [1.20]	—
雰囲気	3.95 [1.00]	3.14 [0.96]	*
食品の組み合わせ	4.43 [0.68]	3.45 [0.98]	***
安全	4.68 [0.65]	4.19 [1.08]	—
総合	4.16 [0.51]	3.48 [0.51]	***

$^{*}p<0.05$　$^{**}p<0.01$　$^{***}p<0.005$

❸食生活主体性意識得点群別の食事における重視点比較

事後の食生活主体性意識得点群別に食事の重視点を比較した結果，表3-11の通りで，主体性意識上位群の方が「嗜好」以外のすべての項目で主体性意識下位群よりも重視しており，特に「料理の組み合わせ」「栄養」「食品の組み合わせ」において差が著しかった。食生活課題解決への主体性意識の高い者は，食事をとるときに栄養や食品のバランスを重視していることがわかった。

表 3-12　事前の食生活主体性意識得点群別授業効果

平均 [SD]

事前主体性意識	事前主体性意識得点	事後主体性意識得点	得点差	検定
主体性意識上位群（21人） （主体性意識得点 3.7 以上）	3.91　[0.21]	4.04　[0.32]	0.13　[0.32]	－
主体性中位群（36人）	3.41　[0.17]	3.70　[0.36]	0.29　[0.35]	***
主体性下位群（20人） （主体性意識得点 3.1 以下）	2.87　[0.21]	3.52　[0.41]	0.65　[0.42]	***
平　均	3.41　[0.43]	3.75　[0.41]	0.34　[0.41]	***

*$p<0.05$　**$p<0.01$　***$p<0.005$

❹食生活主体性意識得点群別授業効果

　事前の食生活主体性意識得点群別に授業による事後の食生活主体性意識得点の上昇度をみると，表 3-12 の通りで，主体性意識下位群ほど事前・事後の得点差が大きい。このことから，食生活課題解決への主体性意識の低い者ほど，授業効果が大きいといえる。

　以上の結果，自分の生活活動と食事のバランス診断をすることにより，生活活動と食事のエネルギーバランスを理解して，自分の食生活の問題点を発見することができた。さらに，その問題解決のための献立学習を通して，食生活課題解決への主体性意識が高まったといえる。

4　要約

授業分析の結果の概要は以下の通りである。

1) 自分の生活活動と食事のバランス診断により，生徒はエネルギーバランスを理解して，食生活における問題点を発見し，自分の栄養所要量にあった献立作成を行った。これにより生徒の食生活課題解決への主体性意識が高まった。
2) 食生活課題解決への主体性意識の高い者は，献立作成能力が高く，食事をとるときにも「料理の組み合わせ」「栄養」「食品の組み合わせ」を重視していた。

3）食生活主体性意識得点の上昇度は，事前の食生活課題解決への主体性意識が低い者ほど高く，授業効果が大きかった。

以上の結果から，生活活動と食事のバランス診断を導入した献立作成学習は，食生活課題解決への主体性意識の育成に効果があり，特に授業前の主体性意識の低い者にその効果が大きいことが明らかとなった。

第3節　消費生活課題解決能力を育成する授業
―― 消費生活課題解決への主体性意識の育成

[パソコンによる一人暮らしの予算作成を導入して]

1　目的

　近年，多額多重債務や自己破産が社会問題となっている。個人による自己破産は，1991年のバブル崩壊以前は約1万件であったが，2003年の約25万件をピークに減少しているものの，2014年以降も約7万件で推移している。これは，消費者金融の台頭やクレジットカードの普及により簡単に借金をしやすくなったことが要因として大きい。これからの高度情報化社会では，ICカードや電子マネーなどが普及してますます「キャッシュレス社会」へと向かうのは必至である。今後は，金銭の自己管理能力と生涯の経済面を熟慮した生活設計が必要となり，あらゆる生活課題に対応できる主体的な問題解決能力がますます要求されてくる。

　したがって，よりよい消費生活を送るために，生涯学習の基礎となる学校教育において，主体的な金銭管理や，計画的な消費生活，ひいては健全な生活設計をするために必要な「消費生活課題解決への主体性意識」を養うことが必要と考える。

　消費者教育においては，「生活の主体者としての意思決定能力の育成」（中間，1996）こそ重要課題であるが，高校生は親に扶養されている身で，家庭によって経済生活の環境には差があり，現在の家計を授業に取り入れるのは困難といえる。

　そこで本研究では，高校生が近い将来経験するであろう一人暮らしを想定し，予算作成を擬似体験させる授業実践を試みた。授業の流れにそって開発したソフトを使用して，一人暮らしをした場合の家計管理を疑似体験し，車の購入計画を立てる場合の問題点をみつけるという授業で，主体的に解決する問題解決

的学習により，消費生活課題解決への主体性意識の育成を目指した。

2 方法

(1) 授業対象と授業の枠組み

授業は，前述の授業と同様，千葉県市川市にある私立の男子高校，千葉商科大学付属高等学校の1年生2クラス75名の男子生徒を対象に行った。1999年度11月から1月にかけて，「生活一般」の消費生活分野の授業10時間を使って実施した。

授業の流れは，表3-13の通りである。大きく「1. 自分の教育費の計算」「2. 家計の収支の分類」「3. 一人暮らしの生活費」「4. 車の購入シミュレーションによる問題点の発見」「5. 一人暮らしの生活費検討に関する資料の収集整理」「6. 生活費の再検討による問題解決シミュレーション」「7. 問題解決結果の評価」「8. クレジット管理」の内容で進めた。

パソコンの活用にあたっては，一人暮らしの家計管理と車の購入計画による

表3-13 授業の流れ

	授　業		配当時間
事前アンケート	消費生活の主体性意識の測定		
	1. 自分の教育費の計算		2時間
	2. 家計の収支の分類		2時間
一人暮らしシミュレーション	3. 一人暮らしの生活費（sheet 1）		
・問題点の発見	4. 車の購入シミュレーションによる問題点の発見		
	・意思決定表を用いた車の選択（sheet 2）		2時間
	・ローン返済シミュレーション（sheet 3）		(パソコン)
	5. 一人暮らしの生活費検討に関する資料の収集整理		
・情報の収集整理	6. 生活費の再検討による問題解決シミュレーション（sheet 1″）		
・問題解決	7. 問題解決結果の評価（ワークシート）		
	8. クレジット管理		4時間
事後アンケート	消費生活の主体性意識の測定		
合　計			10時間

問題解決的学習の授業の流れにそって，エクセルで独自に開発したソフトを使用した。新入社員を想定して給料明細書の収入からまず1ヵ月の生活費を考える（sheet 1：図3-7）。次に車の購入シミュレーションについては，表3-14のような意思決定表を取り入れて，4台の車のカタログから比較考量し，冷静な判断による車の選択を行う（sheet 2）。そして，意思決定表で選択して決定した車を全額オートローン（年利5.5%）で購入するという設定で，表3-15のようなローン返済シミュレーションを使って，何年間で返済するかを考えながら，毎月のローン返済金額を決める（sheet 3）。それから生活費の再検討による問題解決シミュレーションとして，sheet 1の1ヵ月の生活費に戻り，支出を再検討して，残高に毎月のローン返済金額が残るように工夫する（sheet 1″）。

(2) 授業効果の分析方法

　授業効果の分析にあたっては，(1)一人暮らしシミュレーションについての自由記述の感想の分析，(2)パソコンによる意思決定表の導入の評価，(3)生活費・車の購入計画の評価，(4)消費生活課題解決への主体性意識の変容の4点からみることとした。

　(1)一人暮らしシミュレーションの授業を通しての自由記述の感想をKJ法（川喜田，1984）より分析した。

　(2)車の選択（意思決定表）の評価については，パソコンで意思決定表を用いて車を選択したことについての感想を分析することとした。

　(3)生活費・車の購入計画の評価については，自分の給料から，初めに立てた1ヵ月分の生活費（Sheet1）と，そこから車のローン返済の月額返済額が残高に残るように再検討した生活費（Sheet1″）を比較することとした。

　(4)消費生活課題解決への主体性意識の測定にあたっては，学習指導要領に基づいて，高校家庭科で取り上げられている経済計画，購入と消費，消費者信用と，アメリカの消費者教育開発プログラム（CEDP）の消費者教育における諸概念の分類（Bannister & Monsma, 1982）を参考にして，主体的な消費生活を送るために必要と考えられる「計画」「金銭」「購入」「クレジット」「資源」に対する意識の5つの各領域を取り上げた。そして，各領域ごと5問ずつ計25問の質問項目を設定して，5段階尺度で回答させ，平均点を求め，消費生活主

1ヵ月分の生活費

費目	金額	%
実収入	211,000	100.0
非消費支出	35,344	16.8
可処分所得	175,656	83.2

支出費目	金額	%
食料費	30,000	17.1
住居費	67,000	38.1
光熱・水道費	8,000	4.5
家具・家事用品	3,000	1.7
被服およびはき物代	10,000	5.7
保健医療費	3,000	1.7
交通・通信費	14,925	8.5
教育費	0	0.0
教養娯楽費	20,000	11.4
貯蓄・保険	20,000	11.4
支出合計	175,925	100.0
収支残高	-269	-0.2

生活費の過不足

費目	金額
可処分所得	175,656
支出合計	175,925
残高	-269

残高＝可処分所得－支出合計

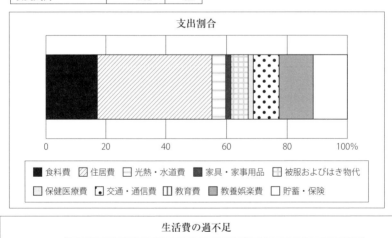

図3-7　1ヵ月分の生活費を考える（sheet 1 の記入例）

表3-14 車購入のための意思決定表（sheet 2 の記入例）

車番号		車1		車2		車3		車4	
車　種		A社○型		B社○型		C社○型		D社○型	
重視項目	ウェイト	得点	＊ウェイト	得点	＊ウェイト	得点	＊ウェイト	得点	＊ウェイト
ボディの形	5	4	20	3	15	2	10	1	5
かっこよさ	3	1	3	2	6	3	9	4	12
燃　費	3	2	6	3	9	4	12	1	3
色	2	3	6	4	8	1	2	2	4
価　格	5	4	20	1	5	2	10	3	15
メーカー	2	1	2	2	4	3	6	4	8
内　装	1	2	2	3	3	4	4	1	1
合計点			59		50		53		48
順　位			1		3		2		4

＊いよいよ決定，購入する車は　車　1　番

① 4台の車のカタログをみて，どの車を買うか考えていく。
② 車を選ぶための基準を考え，思いつくだけ重視項目に追加する。
③ ②の重視項目について選択するにあたってどのくらい重要視するか，それぞれの各項目にウェイトを1から5の範囲で入力する（数値が高い方が，得点が高い）。
④ 各重視項目について，4台の車に得点を入力する。最も良いものから4，3，2，1の順に得点をつける。
⑤ 各重視項目ごとに，得点にウェイトをかける。（×ウェイト）
⑥ 車種ごとに得点×ウェイトの合計をして，4台の車の合計点を比較して順位をつける。
⑦ 意思決定表の結果を参考にして，購入する車を決定する。

表3-15　ローン返済シミュレーション（sheet 3 の記入例）

借入金（円）	1,710,450
利　率	5.50%
返済期間（年）	5
月額返済額（円）	32,672

ちなみに，上記金額を14.4%のクレジット会社のオートローンで借りた場合

借入金（円）	1,710,450
利　率	14.40%
返済期間（年）	5
月額返済額（円）	40,155

体性意識得点とすることとした。

　この尺度の妥当性の検証にあたっては，消費生活主体性意識得点の上位群と下位群間で各質問項目の弁別力の検討（橋本，1976）を行った結果，表3-16の通り，各領域とも上位群と下位群間で得点に有意差があり，妥当性が検証された。

　消費生活課題解決への主体性意識の変容については，以下の3点から検討することとした。

　①消費生活主体性意識得点の事前・事後比較──授業を通して消費生活課題解決への主体性意識が育成されたかをみるため，授業の事前・事後で消費生活主体性意識得点を比較した。

　②消費生活主体性意識得点群別による1ヵ月の生活費の比較──消費生活主体性意識により生活費の予算作成能力に差があるかをみるため，消費生活主体性意識得点の上位群と下位群間で，一人暮らしシミュレーションで1ヵ月の給与明細書をみながら作成した生活費を比較した。

　③事前の消費生活主体性意識得点群別授業効果──消費生活主体性意識得点の上昇がどの層に効果的であるかをみるため，事前の消費生活主体性意識得点を上位群，中位群，下位群に分けて，事前・事後の得点差を比較した。

3　結果および考察

(1) 一人暮らしシミュレーションについての自由記述の感想の分析

　一人暮らしシミュレーションの授業を通しての自由記述の感想をKJ法で分析した結果，図3-8の通り，一人暮らしの大変さを延べ37人が挙げていた。さらに，生活費の実態について，「住居費が一番かかることがわかった」「給料だけで生活していくことはかなり大変」など，具体的に問題点を挙げて納得している者もいた。そして，一人暮らしの厳しい生活費の実態を知って，「ちゃんと計画を立てて，生活をしなければいけないことがわかった」など，計画の必要性と工夫を21人が挙げ，さらに「貯蓄をしてから車を買う」など貯蓄の必要性とローンについて10人が考えていた。このように一人暮らしシミュレーションの授業を通して，「自分のことだから，お金のことは真剣に取り組

表3-16 消費生活主体性意識測定尺度の妥当性の検討

平均 [SD]

領域	問	質問項目	上位群 (19人)		下位群 (19人)		t検定
計画	1	毎月のおこづかい等のお金は，計画的に使いたい。	4.11	4.22 [0.57]	2.47	3.13 [0.60]	***
	2	ほしいものがある時，お金を貯めてから購入したい。	4.37		2.47		***
	3	なるべく貯金をするように心がけたい。	4.53		3.68		*
	4	一人暮らしをする場合，経済計画を立ててもむだだと思う。	3.47		3.00		−
	5	結婚したら，経済的な目標達成（例：家の購入）のために予算を立てたい。	4.63		4.00		**
金銭	6	親の収入を考えて，お金を使うように心がけたい。	3.68	3.87 [0.52]	3.00	2.84 [0.63]	***
	7	ゲーム，CDなどは親からお金を借りてでも買いたい。	3.47		2.37		*
	8	食費を減らしてでもギャンブルをしたい。	4.95		3.16		***
	9	就職をしたらまず車を買いたい。	2.74		2.21		***
	10	ほしいものがあっても借金はしたくない。	4.58		3.47		*
消費生活	11	買った商品が不良品であったとき，販売店へ行って交換をしてもらうようにしたい。	4.63	4.49 [0.38]	4.16	3.39 [0.42]	−
	12	家電製品を買うときは，2, 3軒回って安い店を探してから購入したい。	4.37		2.79		***
	13	家電製品を買うときは，性能等を比較検討してから選びたい。	4.68		3.74		***
	14	テレビやコマーシャルにつられて商品を買うことはやむをえない。	4.16		3.16		*
	15	商品を買うときは，購入後の使い方を考えてから購入したい。	4.63		3.11		***
クレジット	16	クレジットカードで購入したら，支払いが終わるまで購入記録を取っておきたい。	4.05	4.19 [0.55]	2.47	2.93 [0.43]	***
	17	クレジットカードの買い物は便利なのでどんどん使ってみたい。	3.89		2.95		*
	18	クレジットカードを拾ったら，警察に届けたい。	4.37		2.58		***
	19	車などの高額な商品の購入は，生活に無理がないようにローンにしたい。	3.95		3.00		*
	20	親友に連帯保証人をたのまれたら，やむを得ない。	4.42		3.63		−
資源	21	エネルギーの節約を考え，コンセントはいつも抜くように心がけたい。	3.95	4.42 [0.42]	2.21	2.82 [0.66]	***
	22	ビン・カンの分別に協力したい。	4.32		2.95		***
	23	歯をみがくとき，水道の蛇口をあけたままにすることはたいしたことではない。	4.74		2.95		***
	24	ノートや消しゴムは，最後まで使い切るようにしたい。	4.74		2.95		***
	25	食べ物は残さないように心がけたい。	4.53		3.05		***

番号網掛けは逆転項目。　　　　　　　　　　　　　　　　　　　*$p<0.05$　**$p<0.01$　***$p<0.005$

```
┌─────────────────────────────────────┐      ┌─────────────────────────────────────┐
│      一人暮らしシミュレーション      │      │   一人暮らしについて（延べ7人）     │
└─────────────────────────────────────┘      ├─────────────────────────────────────┤
┌─────────────────────────────────────┐      │・一人暮らしに興味を持った      3人  │
│    一人暮らしの大変さ（延べ37人）   │      │・早く一人暮らしをしたい        2人  │
├─────────────────────────────────────┤      │・よく考えてから一人暮らしをしようと思った│
│・一人暮らしをするのは大変だとわかった 22人│──→ │                                1人  │
│・一人暮らしは難しい              6人 │      │・一人暮らしはしない            1人  │
│・一人暮らしはお金がかかることがわかった 5人│      └─────────────────────────────────────┘
│・一人暮らしをしたら，遊ぶお金もあまり使えない│
│                                  3人 │      ┌─────────────────────────────────────┐
│・一人暮らしをすると，がまんしなきゃいけない│      │      考えたこと（延べ13人）         │
│  ことがたくさんある              1人 │      ├─────────────────────────────────────┤
└─────────────────────────────────────┘      │・自分のことだから，お金のことは真剣に取り│
                    ↓                         │  組んでいきたい                3人  │
┌─────────────────────────────────────┐      │・一人暮らしをした時，こういうふうに考えて│
│     生活費の実態（延べ10人）        │      │  いきたい                      3人  │
├─────────────────────────────────────┤──→  │・いつか一人暮らしをするからよい勉強になった│
│・住居費が一番かかることがわかった 4人│      │                                        │
│・水道・光熱費も結構かかる        1人 │      │・自立をするにはまずお金から，計画を立てら│
│・給料だけで生活していくことはかなり大変 4人│      │  れること                      1人  │
│・可処分所得がこんなに少ないことがわかった│      │・今まで，生活費まで考えたことがなかったの│
│                                  1人 │      │  で，とても良い機会だと思った  1人  │
└─────────────────────────────────────┘      │・もっと税金について知るべきだと思った 1人│
                    ↓                         │・将来生きていけるかどうか心配だ 1人  │
┌─────────────────────────────────────┐      └─────────────────────────────────────┘
│    計画の必要性と工夫（延べ21人）   │
├─────────────────────────────────────┤      ┌─────────────────────────────────────┐
│・ちゃんと計画を立てて，生活をしなければいけ│      │  家族への気持ちと将来の自分（延べ5人）│
│  ないことがわかった             13人 │      ├─────────────────────────────────────┤
│・一人暮らしをしたらお金を管理しなければいけ│      │・我が家はローンもあって6人家族だから大変│
│  ない                            2人 │      │  だ                            1人  │
│・一人暮らしにぜいたくは禁物。一番大切で難し│──→ │・将来は働いている女性と結婚しようと思った│
│  いのは「節約」                  3人 │      │                                1人  │
│・ローンがあると，生活費を減らさないといけな│      │・親に感謝。これからは迷惑をかけないように│
│  いのがつらい                    2人 │      │  しよう                        1人  │
│・収入が少ないので，教養娯楽費など節約できる│      │・将来，家族を持ったらもっと大変。高収入の│
│  ところで節約する                1人 │      │  会社に入るために今からがんばる 2人  │
└─────────────────────────────────────┘      └─────────────────────────────────────┘
                    ↓
┌─────────────────────────────────────┐      ┌─────────────────────────────────────┐
│     貯蓄とローン（延べ10人）        │      │      授業の感想（延べ8人）          │
├─────────────────────────────────────┤      ├─────────────────────────────────────┤
│・貯金をしてから車を買う          2人 │      │・とても楽しかった              4人  │
│・働いてなるべく貯金をする        2人 │      │・生活費の計算をするのが難しかった 2人│
│・貯蓄が大切で，何か買うときに使う 2人│──→  │・難しかったけど，パソコンを使っておもしろ│
│・給料だけでは大変なので，今から貯金をしよう│      │  かった                        1人  │
│  と思った                        2人 │      │・実際に数字を出してみて，初めて実感できる│
│・ローンはあまりやりたくない      1人 │      │                                1人  │
│・車を買うときは，利率に気をつけて計画を立て│      └─────────────────────────────────────┘
│  てローンを組む                  1人 │
└─────────────────────────────────────┘
```

図3-8　一人暮らしシミュレーションの授業を通して（生徒75人）

んでいきたい」「一人暮らしをした時，こういうふうに考えていきたい」など，生徒が将来をみすえて主体的に捉え考えたことを感想に挙げている。その他「我が家はローンもあって6人家族だから大変だ」「将来は働いている女性と結婚しようと思った」など，家族や将来の自分に目を向けた者や，「とても楽しかった」といった授業の感想を述べている者もいた。高校生にとって，一人暮らしは近い将来の出来事として実感しやすく，自分の収入で生活し，車を購入して返済計画を立てるシミュレーションをすることで，自分を生活の主体者として家計の収支と計画性の必要性を考えることができる。

（2）パソコンによる意思決定表の導入の評価

パソコンによる意思決定表を導入して車を選択した感想をみると，図3-9の通り，「客観的に比較できた」「満足できる決定ができた」と評価している者が多い。意思決定表を用いて購入選択をすることにより簡単に比較して決定することができるため，これは効果的な方法といえる。また，「おもしろかった」と約9割の生徒が答えており，パソコンを使った意思決定表の導入は，生徒の興味関心を高めることがわかった。

（3）生活費・車の購入計画の評価

初めの生活費と車のローン返済のために再検討した生活費について全員の平均を比較すると，表3-17の通りだった。約170万円の車を全額オートローンで購入するためにローン返済計画を立てた結果，平均6年返済で毎月の平均返済金額は3万3784円だった。この約3万円のローン返済金額を1ヵ月の生活費から残すために，教養娯楽費を減らし，食料費を節約し，住居を安い賃貸に変更するなどの工夫をしていることがわかる。

（4）消費生活課題解決への主体性意識の変容

❶消費生活主体性意識得点の事前・事後比較

消費生活主体性意識得点を事前・事後で比較した結果，表3-18の通り，「資源」以外のすべての領域で事後の方が得点が高かった。「計画」「金銭」の各領域については有意に高く，総合得点でも有意差がみられた。車の購入と生

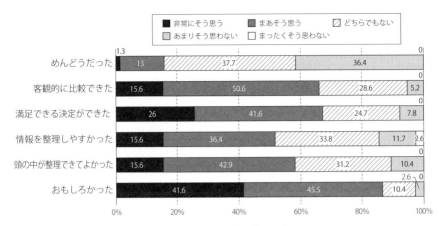

図 3-9 パソコンによる意思決定表導入の評価（n=75）

表 3-17 生活費とローン額を残高に残すための工夫（75人の平均）

円

費目		初めの生活費	ローン返済検討後	差し引き
実収入		211,000	211,000	0
非消費支出		35,344	35,344	0
可処分所得		175,656	175,656	0
消費支出	食料	40,980	31,037	△ 9,943
	住居	60,908	55,566	△ 5,342
	光熱水道	10,912	9,346	△ 1,566
	家具家事用品	3,237	3,250	13
	被服	13,241	8,122	△ 5,119
	保険医療	4,500	3,760	△ 740
	交通通信	17,286	13,976	△ 3,310
	教育	0	0	0
	教養娯楽	20,203	12,034	△ 8,169
貯蓄保険		7,892	5,032	△ 2,860
残高		△ 3,503	33,533	37,036

第 3 節 消費生活課題解決能力を育成する授業

表 3-18　消費生活主体性得点の事前・事後比較

平均 [SD]

領域	問	質問項目	事前 [75人]		事後 [75人]		t検定	
計画	1	毎月のおこづかい等のお金は，計画的に使いたい。	3.48	3.73 [0.67]	3.93	4.03 [0.61]	*	***
	2	ほしいものがある時，お金を貯めてから購入したい。	3.51		3.92		*	
	3	なるべく貯金をするように心がけたい。	4.21		4.33		－	
	4	一人暮らしをする場合，経済計画を立ててもむだだと思う。	3.20		3.55		－	
	5	結婚したら，経済的な目標達成（例：家の購入）のために予算を立てたい。	4.29		4.51		－	
金銭	6	親の収入を考えて，お金を使うように心がけしたい。	3.27	3.44 [0.63]	3.60	3.65 [0.63]	－	*
	7	ゲーム，CDなどは親からお金を借りてでも買いたい。	3.20		3.44		－	
	8	食費を減らしてでもギャンブルをしたい。	4.04		4.20		－	
	9	就職をしたらまず車を買いたい。	2.44		2.52		－	
	10	ほしいものがあっても借金はしたくない。	4.19		4.33		－	
消費生活	11	買った商品が不良品であったとき，販売店へ行って交換をしてもらうようにしたい。	4.24	3.98 [0.65]	4.35	4.11 [0.56]	－	－
	12	家電製品を買うときは，2，3軒回って安い店を探してから購入したい。	3.85		4.00		－	
	13	家電製品を買うときは，性能等を比較検討してから選びたい。	4.21		4.38		－	
	14	テレビやコマーシャルにつられて商品を買うことはやむをえない。	3.75		3.96		－	
	15	商品を買うときは，購入後の使い方を考えてから購入したい。	3.87		3.96		－	
クレジット	16	クレジットカードで購入したら，支払いが終わるまで購入記録を取っておきたい。	3.27	3.58 [0.68]	3.64	3.78 [0.67]	－	－
	17	クレジットカードの買い物は便利なのでどんどん使ってみたい。	3.43		3.75		－	
	18	クレジットカードを拾ったら，警察に届けたい。	3.39		3.60		－	
	19	車などの高額な商品の購入は，生活に無理がないようにローンにしたい。	3.72		3.78		－	
	20	親友に連帯保証人をたのまれたら，やむを得ない。	4.03		4.35		－	
資源	21	エネルギーの節約を考え，コンセントはいつも抜くように心がけたい。	2.99	3.61 [0.81]	3.08	3.57 [0.85]	－	－
	22	ビン・カンの分別に協力したい。	3.61		3.65		－	
	23	歯をみがくとき，水道の蛇口をあけたままにすることはたいしたことではない。	3.97		3.68		－	
	24	ノートや消しゴムは，最後まで使い切るようにしたい。	3.71		3.51		－	
	25	食べ物は残さないように心がけたい。	3.91		4.00		－	
		総　合	3.67 [0.48]		3.84 [0.44]		*	

番号網掛けは逆転項目。　　　　　　　　　　　　　　　　　　　　$^*p<0.05$　$^{**}p<0.01$　$^{***}p<0.005$

活費の検討を導入した問題解決学習により，具体的に自分のこととして取り組むことができ，主体性意識が高まったと考えられる。

「資源」領域については，本授業ではほとんど扱っていないため，主体性意識には変化がみられなかった。

❷消費生活主体性意識得点群別による1ヵ月の生活費の比較

事後の消費生活主体性意識得点（平均3.84，標準偏差0.44）が，4.15以上を主体性意識上位群（4分の1），3.5以下を主体性意識下位群（4分の1）として，1ヵ月の生活費を比較した。その結果，主体性意識上位群は可処分所得範囲内で生活費を工夫しているが，主体性意識下位群では1万8040円の赤字になっていた。赤字の内訳として，食料費，住居費，交通通信費，教養娯楽費が高かった。このことから，消費生活課題解決への主体性意識の高い者の方が，低い者と比較して，予算作成能力が高いといえる。

❸事前の消費生活主体性意識得点群別授業効果

事前の消費生活主体性意識得点（平均3.67，標準偏差0.48）が4.0以上を主体性意識上位群（4分の1），3.4〜4.0を主体性意識中位群，3.4未満を主体性意識下位群（4分の1）として，授業後の主体性意識得点の上昇度をみた。その結果，表3-19の通り，主体性意識下位群ほど事前・事後の主体性得点差が大きい。このことから，消費生活課題解決への主体性意識の低い者ほど，授業効果が大きいといえる。

以上の結果，一人暮らしの予算作成は近い将来の出来事として実感しやすく，

表3-19　事前の消費生活主体性意識得点群別授業効果

平均［SD］

事前主体性意識	事前主体性意識得点	事後主体性意識得点	得点差	検定
主体性上位群（20人）	4.23 ［0.24］	4.32 ［0.30］	0.09 ［0.21］	－
主体性中位群（35人）	3.71 ［0.18］	3.82 ［0.30］	0.11 ［0.27］	－
主体性下位群（20人）	3.04 ［0.22］	3.39 ［0.23］	0.35 ［0.19］	***
平　　均	3.67 ［0.48］	3.84 ［0.44］	0.17 ［0.25］	*

$^*p<0.05$　$^{***}p<0.005$

自分の収入で生活し，車を購入して返済計画を立てるシミュレーションを行うことで，自分を生活の主体者として捉えることができる。そして，車の購入シミュレーションで具体的に問題点を見つけ，生活費を再検討してローン返済のための問題を解決することにより，消費生活課題解決への主体性意識が高まったといえる。

4　要約

授業分析の結果の概要は以下の通りである。

1) 本学習を導入した結果，消費生活課題解決への主体性意識が高まった。
2) 消費生活課題解決への主体性意識が高い者の方が，可処分所得内での生活費が工夫でき，予算作成能力は高かった。
3) 消費生活主体性意識得点の上昇度は，事前の消費生活課題解決への主体性意識が低い者ほど高く，授業効果が大きかった。

以上の結果から，パソコンによる一人暮らしの予算作成は，シミュレーションとして近い将来体験するであろう生活を取り上げることによって，自分を生活の主体者として捉えることを容易にする。そして，自分で問題点を発見し解決することによって，消費生活課題解決への主体性意識の育成に効果があることが明らかになった。

第4節　小学生の消費生活課題解決能力を育成する授業

1　目的

　家庭科は，生活課題解決能力を育成することを目指し，それを育成するための学習方法として問題解決的な学習を充実させることが学習指導要領に明記されている（文部科学省，2008a）。家庭科における問題解決的な学習は生活における問題解決学習の疑似体験であり，指導者が学習過程を仕組み，意図的に準備し，児童生徒が課題を見いだし，問題解決を考える学習活動である。吉崎（2012b）は，授業デザインについて「①授業に対する思い」「②授業の発想」「③授業の構成」「④授業で用いる教材の開発」「⑤日常生活での問題意識」の5つの構成要素で成り立つとしている。家庭科における問題解決的な学習は指導者が題材を設定して学習過程を仕組む必要があり，まさに指導者の授業デザインの力量にかかっているといえる。

　一方，消費者教育を効果的に実施するためには，意思決定のプロセスを導入し，批判的思考を働かせながら知識や概念を理解させる必要がある（日本消費者教育学会，2007）。小川・長澤（2003）は，家庭科の指導における批判的思考の鍵として，学習者の自己開示，授業における問いのあり方を挙げている。これらのことから，消費生活課題解決能力を育成するためには，学習者が当事者として自己開示する場面を設け，主体的な立場で意思決定するプロセスを導入して批判的思考を働かせながら問題解決していけるような学習活動を創造して，問題解決的な学習となる授業デザインが必要と考えられる。学習活動について，中間（2011）は，「問題解決的な学習を特徴とする家庭科の学習においては，行動の変容をねらう主体的な学習方法であるアクション志向学習の導入が効果的である」としている。参加型アクション志向学習は，次期学習指導要領の改訂に向けて新たな学習方法として導入が期待されているアクティブ・ラーニン

グに他ならない。しかしながら，アクティビティ（活動）は導入することが目的ではなく，目指す学習者の姿（目標）があり，アクティビティは目標に近づけるための手段である。そのため，アクティビティが意図される学習成果に向かって学習者を動かさない限りは適切とはいえず，指導者は，アクティビティの導入と評価において意図される学習成果の水準と内容に適合しているか，また困難水準が学習者に適切かを検討する必要がある（ヒッチ，ユアット，2005）。そして，問題解決的な学習では，結論よりもどのように考え，どのように問題を解決したかというプロセスが重要である（中間編，2006）。したがって，問題解決的な学習の授業分析においては，結果よりも問題解決していくプロセスから学習者の変容を分析して，アクティビティが適切だったかを評価しなければならない。

　近年，授業研究における大学教員のかかわり方として，教師・学校からの要請に応じ，教師と協働しながら授業づくりを進める「コンサルテーション」が行われている。授業コンサルテーションにおける授業分析は，その事例を可視化する営みであり，現実に使用された教師や子どもの発話などから，実践を再構成し，理論化を目指す営みである（藤江，2010）。

　そこで，本研究では，筆者がコンサルテーションとしてかかわった小学生の消費者教育の授業を分析して，実践を再構成し，小学生の消費生活課題解決能力を育成する授業デザインについて理論化することを目的とした。

2　方法

　研究対象の授業は，2012 年 10 月に愛媛県伊予地区家庭科授業研究会で公開された公立小学校 5 年生（35 名）の消費者教育の授業（45 分）である。本小学校では，2010 年に愛媛県教育委員会の「授業のエキスパート養成事業」を受けて家庭科の授業研究に力を入れ，さらに，2012 年に愛媛県教育研究協議会伊予支部から家庭科教育研究校の指定を受けて，学校全体で「身近な消費生活と環境」（学習指導要領家庭科における内容領域）の研究に取り組んでいる。本研究授業について筆者は，教師・学校からの要請に応じ大学教員として，教師と協働しながら授業づくりを進める「コンサルテーション」としてかかわってい

る。授業の公開に先立ち，8月には，全教員対象に「消費者教育についての研修会」の講師として研修会を実施し，さらに，9月に2回授業設計，教材開発について打ち合わせを行っている。

　授業の題材は，消費生活分野「じょうずに使おう物やお金～めざせ，買い物名人‼～」で，本時は消費生活課題として「お金の使い方を工夫しよう」を設定し，目標達成のため「買い物シミュレーション」のアクティビティを開発した。開発にあたっては，シミュレーションにおける条件設定の工夫を行い，問題解決するプロセスを自分で確認できるようなワークシートを作成した。

　授業実践の後，授業を撮影したビデオと児童のワークシートの記述内容から，学習者の意思決定のプロセスと思考の変容を分析し，アクティビティが適切だったかを評価した。その上で，実践を再構成し，小学生の消費生活課題解決能力を育成する授業デザインについて理論化を試みた。

3　授業の流れと学習活動

　授業の流れを図3-10，児童によるワークシートの記入例を図3-11に示す。本時の消費生活課題「お金の使い方を工夫しよう」を解決するために開発したアクティビティ「買い物シミュレーション」を導入している。授業では，事前の宿題として，6cm×4.5cmの格子入り白紙カード（付箋紙）を3枚児童に持ち帰らせ，「お小遣いやお年玉など自分のお金で買える範囲内」という条件で自分の欲しい品を3品考えて，品物の絵を描き値段を調べて金額を記入して臨んでいる。買い物シミュレーションでは，お小遣いを1000円に設定し，自分の欲しい品3品と教員が提示した条件の3品の計6品を，買う物と買わない物に分類する。教員が提示した3品については，6cm×4.5cmの3枚の色紙カード（付箋紙）のそれぞれに，①必要な文具（緑色），②遠足のおやつ（黄色），③家族の誕生日プレゼント（桃色）と記したものを配付し，自分の欲しい3品（白色）と区別ができるようにした。

　ワークシートは，A3用紙で作成し，中心線で左右にスペースを分け，左側に「買わない」，右側に「買う」に分類したカードを貼って，枠内に大きく設けた余白には問題解決で考えたことを書けるようにした。活動では，予算内に

消費生活題材：「じょうずに使おう物やお金～めざせ，買い物名人！！～」
本時の消費生活課題：「お金の使い方を工夫しよう」

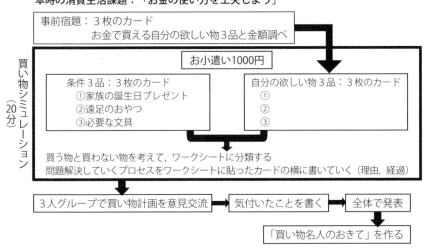

図3-10　授業の流れ

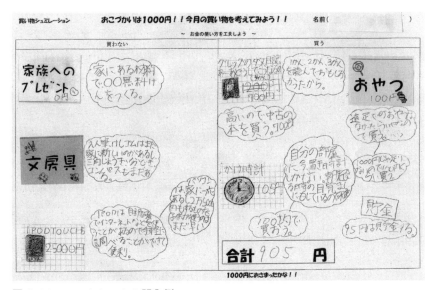

図3-11　ワークシートの記入例

収まるようにカード全6品について買うか買わないかを考えて分類し，問題解決していくプロセスが残るように，意思決定する過程（理由や経過）で考えたことや値段・買い方の変更などを消さずに書き足していくように指示した。最終的に，買う方に分類した品の合計金額を「買う」のスペースの下側の合計欄に記入する。ここまでの活動時間を20分とした。

　個人での買い物シミュレーションの終了後，3人グループで机を向かい合わせに並べ，各自の買い物シミュレーションで考えた「買い物計画」について発表し合い，別に用意したA5用紙のワークシートに友達との意見交流で気付いたことを記入する。さらにクラス全体で，友達との意見交流で気付いたことを発表し，最後に各自で「買い物名人のおきて」を1条作り，A5用紙のワークシートに記入する。

4　結果および考察

(1) 買い物シミュレーションの問題解決
❶自分の欲しい3品の効果と問題解決

　児童35人の買い物シミュレーションにおけるワークシートの記載内容から，自分の欲しい3品の効果と問題解決について分析した。自分の欲しい3品は，事前の宿題として出されているため，どの児童も白紙のカードに品物の絵や値段が記入されていた。さらに，ワークシートに貼った自分の欲しい品のカードの横には，「本はあまりないから絶対買いたい」「今どうしてもクロックスの飾りが付いていないから買おうと思った」「ガンプラがやっぱりカッコイイからどうしても買いたい」など，なぜ欲しいかという強い思いが表現されていた。

　自分の欲しい品3品の問題解決結果をみると，表3-20の通り，お小遣い1000円の予算で3品すべてを買うことは金額的に難しく，「3品とも買う」に分類した児童は1人もいなかった。反対に「3品とも買わない」に分類した児童は2人だけで，ほとんどの児童が，与えられた条件の中でお金の使い方を工夫して，自分の欲しい品のうち1品か2品を「買う」に分類していた。したがって，35人の児童全員の欲しい品105品（35人×3品）中，「買う」に分類された欲しい品は37品であった。

表3-20　自分が欲しい物3品の問題解決結果（n=35）

分類結果		人数
買わない	買う	
0品	3品	0人
1品	2品	4人
2品	1品	29人
3品	0品	2人

　その「買う」37品の具体的な解決方法を分析した結果，表3-21の通り，事前に調べたそのままの金額で買えたとしたのは16品で，20品は事前に調べてきた値段を安い金額に変更していた。値段の変更方法の内訳を記載された内容からみると，欲しい品は予算内では買えないため，欲しい品のグレードや性能（たとえばプラモデルのスケール）を落とすなどして安い品に変更して「買う」に分類されたものが10品あった。その他，欲しい品を何とか買いたいと，金額を安くする方法を考えて「安い店」「中古品」「フリーマーケット」を利用して「買う」に分類していた。また，解決方法で「積み立てて買う」とした1人の児童は，欲しい1500円のバッグに対して今月分の積み立て金額として300円のみを支出していた。実際は今月の1000円の予算では買えていないが，欲しいという思いから積み立てが完了とみなし「買う」に分類したと推察される。
　どの児童も問題解決のための意思決定において，自分が事前に考えてきた欲しい品は買いたいという強い思いがあり，そのためにどうすればよいか真剣に悩んでいる様子が推察された。自分の欲しい品を提示することは自己開示に当たり，買い物シミュレーションにおいて，当事者として主体的に問題解決し，お金の使い方を工夫する上で非常に効果的に作用していた。
　一方，35人の児童全員の欲しい品105品中，「買わない」に分類された欲しい品は68品で，その68品をなぜ「買わない」に分類したのかという意思決定の理由を分析した結果が表3-22である。「あるからあきらめる，今あるもので使える」が34品，「よく考えたらあまり使わない，使えない。まだ早い」が7品で，1000円の予算内で買える品は限られるため，自分の欲しい品を本当に買わなければならないのか，1品1品検討している様子が推察できる。そして，

表3-21 「買う」に分類された自分の欲しい物の解決策 (n=37)

解決方法		品
そのままの値段で買えた		16
積み立てて買う（積み立て額をお小遣いから支出）		1
値段の変更		20
内訳	安い品に変更，グレードを落とす	(10)
	安い店で買う	(5)
	中古品，古本	(4)
	フリーマーケット	(1)

表3-22 自分が欲しい物を買わない理由 (n=68)

理由	品
あるからあきらめる，今あるもので使える	34
高いからあきらめる	12
よく考えたらあまり使わない，使えない。まだ早い	7
お小遣いを毎月貯めてから買う	7
今度買ってもらう（誕生日，機会を待つ）	3
もっと安くなったら買う，安いのを買う	2
知り合いに譲ってもらう	1
残金では足りない	1
未記入	1

「お小遣いを毎月貯めてから買う」が7品で，欲しい品は計画的に貯金すれば買えることに気付いていた。

❷教員提示の条件3品の問題解決

買い物シミュレーションにおいて，教員が提示した3品（①必要な文具，②遠足のおやつ，③家族の誕生日プレゼント）の問題解決を分析した結果を表3-23に示す。

①必要な文具は，「買わない」に分類している児童が19人で，ほとんどの児童がノート，鉛筆，定規などいろいろな文具を挙げながら「家にあるから買

表3-23 教員が提示した条件3品の問題解決結果（n=35）

条件の品	買う	買わない
①必要な文具	16人	19人
②遠足のおやつ	9人	26人
③家族への誕生日プレゼント	28人	7人

わない」と理由を書いていた。一方，「買う」に分類した16人においても，具体的に「親が留守のときに外出してメッセージを残す紙がないからメモ帳を買う」「学校でよく使う赤ペンのインクが少なくなっているから」など，本当に必要だと考える文具を「買う」に分類しており，文具は小学生にとってイメージしやすい品といえる。

②遠足のおやつを「買う」に分類した児童は9人のみで，26人が「買わない」に分類していた。買わない理由は，「家にお菓子がたくさんあるから」が多いが，中には「来月のお小遣いで買う」「がまんする」といった理由もあり，条件の説明では今月の「遠足のおやつ」であるが，配布したカードには，「おやつ」としか書かれていないため，遠足の条件が落ちている児童もみられた。

一方，③家族への誕生日プレゼントについては，「買う」が28人，「買わない」が7人であるが，「買わない」に分類していた児童7人も，「家の材料で手作り」が4人，「マッサージ券」1人，「お手伝い券」1人，「花をつむ」1人で，全員が家族への誕生日プレゼントの問題解決をしていた。「買う」に分類していた28人のうち14人は，「家族へのプレゼント」の桃色カードをワークシートの「買う」のスペースの一番上に貼り，自分の欲しい品よりも優先的に問題解決をしていた。「家族へのプレゼント」の桃色カードの横には，「寒くなってきたからお母さんに手袋を買う」「お父さんはゴルフが好きだからゴルフボールを買う」「兄ちゃんに野球ボール1個」など，ほとんどの児童がプレゼントする家族と買う品物を具体的に考えていた。そして，家族のプレゼントを優先させるために，自分の欲しい品を買い方を工夫して安い金額に変更した児童や，残金不足で自分の欲しい品の金額を何度も変更して結局「買わない」に移動させた児童もいた。表3-20でみた通り，自分の欲しい品を3品とも買わない方に分類していた児童が2人いたが，2人とも気持ちを伝えたいと家族の誕

生日プレゼントに600円を優先的に支出し，残金から残りの5品を一つ一つ検討して，最終的に「家族のプレゼント」以外に，1人は「必要な文具」，もう1人は「遠足のおやつ」を買う方に分類していた。家族への誕生日プレゼントは，買い物シミュレーションにおいて優先順位を考えたり，お金の使い方を工夫する上で非常に効果的といえる。

　教員提示の条件3品は，買い物シミュレーションの問題解決において，自分の欲しい品と日常で生じうる必要性のある品を比較してどうすべきかを考えさせる効果がある。このように，共通の身近な品を取り上げることで，学びの質を保証し日常生活での実践的態度を養うことが期待できる。

（2）アクティビティの評価
❶困難水準
　導入したアクティビティが学習者の困難水準に照らして適切であったかを評価するため，買い物シミュレーションの困難水準を活動時間と設定金額から検討した。

　買い物シミュレーションの活動時間は20分である。自分の欲しい3品と教員が提示した3品の計6品を「買う」「買わない」に分類して買う品の合計金額を算出するまでにかかる時間を想定している。20分の活動時間における進捗状況をワークシートから分析した結果，6品を「買う」「買わない」に分類する作業は，35人全員が完了していた。しかしながら，「買う」に分類した品の合計金額が記入されていたのは32人で，3人は合計金額の記入欄が空白で，活動が完了した割合は91.4％であった。しかし，未記入の3人の「買う」に分類された品の合計金額を算出したところ，予算1000円以内で収まっており，活動時間20分の困難水準は学習者にとって適当であったと考える。

　買い物シミュレーションにおける予算の設定金額は，アクティビティの困難水準だけでなく，学習者が臨場感を持って主体的に取り組むことができるかにも影響してくる。今回の授業研究では，公開授業に向けて，校内で事前調査や他クラスでの授業をして授業改善を行っている。お小遣いの金額を決定するにあたり，お小遣いの事前調査を行った結果，児童のお小遣いは約500円が平均的であった。そのため，他クラスでの事前授業ではお小遣い500円で授業実践

をしたが，予算が少ない上に，宿題で考えてくる欲しい品について特に規定をしなかったせいで高額な品が続出し，予算500円ではお金の使い方を工夫しようがないという問題点が挙がった。そこで本授業では，お小遣いの金額を日頃のお小遣いよりもやや高い1000円と設定し，さらに，宿題で考えてくる自分の欲しい品については「お小遣いやお年玉など自分のお金で買える範囲内」という条件を出している。その結果，表3-20に示したように，自分の欲しい3品がまったく買えなかったのは2人だけで，ほとんどの児童がお金の使い方を工夫して自分の欲しい品を1品か2品購入できていた。

設定するお小遣い金額が低いとお金の使い方の工夫が難しいが，一方で，高すぎると非現実的で臨場感を欠き，お金の使い方の工夫が生活への実践につながりにくい。1000円という予算は学習者の実態を踏まえ，お金の使い方を工夫する上で学習者の困難水準に適当であったと考える。

❷学習成果の達成水準

導入したアクティビティが，目標とした学習成果の水準を達成するためには，授業におけるアクティビティ後の支援が重要である。そのため，授業ビデオから「買い物シミュレーション」後の活動について分析した。

個人作業で問題解決をした買い物シミュレーション後，授業では，3人グループで机を向かい合わせにし，買い物シミュレーションでワークシートに記入した自分の「買い物計画」を順番に発表し合っている。ワークシートには，全6品のそれぞれについてなぜ買うか，なぜ買わないかが記入されており，全員がグループ内でワークシートを見せながら，自信を持って問題解決策を説明していた。意思決定のプロセスを記入したワークシートは，自分で問題解決する上で考えたことが確認でき，思考力や判断力を養うのに役立つが，さらに発表するための表現力向上にも効果的に作用していた。

授業では，3人グループでの「買い物計画」の意見交流後，別に配付されたA5用紙のワークシートに，「友達との意見交流で，お金の使い方の工夫について気付いたこと」を自由記述で記入している。その自由記述の内容を分析した結果が表3-24である。友達と意見交流をする中で，貯金や貯めて買うといった計画性に18人が気付き，中古品や家族への手作りのプレゼントなどの

表 3-24　友達との意見交流で気付いたこと（延べ人数）

項目	記述内容	小計	合計
貯金・計画性	残ったお金は貯金する	11人	18人
	高い物は，貯めて買うといい	7人	
買い方の工夫	安い物を買うといい（中古品，ゲーム）	9人	14人
	すごく工夫していた（買い方，家族のプレゼント）	5人	
優先順位	家族の誕生日プレゼントを優先していた	12人	12人
批判的思考	家にまだ使えるものや，ほしかったものがある	6人	11人
	よく考えれば買わなくてすむものもある	5人	

　買い方の工夫があることに14人が気付いている。そして，欲しかった物はよく考えれば家にあって買わなくてすむといった批判的思考を11人が挙げている。

　授業ではその後，「友達との意見交流で気付いたこと」を全体で発表し合い，5名の児童が発表した気付きを指導者が黒板に書いて共有化している。具体的な板書内容は，「家族のために買う」「貯金をする」「安いところで買う」「よく考えると買わなくてすむものもある」「安くなるまで待つ」の5点である。そして，授業の最後に，「買い物名人のおきて」を1条，各自がA5用紙のワークシートに記入している。その「買い物名人のおきて」の記述を分析した結果が表3-25である。「買い物名人のおきて」で最も多かったのは「貯金・計画性」に関する内容で，15人が書いていた。個人での買い物シミュレーションの段階では，「お小遣いを毎月貯めてから買う」は7人（表3-22）だったが，友達との意見交流や全体での発表による共有化で気付き，発見したと考えられる。また，買い物シミュレーションで自分の欲しい品を一つ一つ買うか買わないか考えたことにより，一人ひとりが「必要かいらないか見きわめるべし」といった批判的思考や，「安いところで買うべし」といった買い方の工夫などを，実感をともなって記入しており，本授業の目標である「お金の使い方を工夫しよう」の学習成果の目標水準にほぼ適合していると考えられる。

表3-25　買い物名人のおきて（n=35）

項目	買い物名人のおきて	小計	合計
貯金・計画性	あまったお金は，貯金すべし	8人	15人
	お金は，計画的に使うべし	6人	
	高くてもほしい物は，少しずつ貯金して買うべし	1人	
批判的思考	買い物をするときは，よく考えて買うべし	7人	12人
	必要かいらないか見きわめるべし	4人	
	がまんも必要である	1人	
買い方の工夫	安いところで買う，安くなるまで待つべし	3人	5人
	買い方を工夫して買うべし	2人	
優先順位	家族のために使うべし	2人	2人
未記入		1人	1人

5　総括——授業の再構成と消費生活課題解決能力を育成する授業デザイン

　本研究では，筆者がコンサルテーションとしてかかわった小学生の消費者教育の授業について，児童のワークシートの記述内容から学習者の意思決定のプロセスと思考の変容を分析した。導入したアクティビティが適切だったかを評価した結果，本授業で実施された「買い物シミュレーション」が学習者に適切だったことが実証された。この研究の総括として，本授業実践を再構成し，さらに消費生活課題解決能力を育成する授業デザインについて理論化を試みる。

（1）授業の再構成

　本授業実践を再構成した結果が図3-12である。本時の消費生活課題「お金の使い方を工夫しよう」の目標達成のため，導入したアクティビティ「買い物シミュレーション」の効果を授業展開にそって示している。まず，宿題として出された自分の欲しい品の提示は，自己開示に当たり，当事者として買い物シミュレーションに主体的に取り組む上で効果的に作用する。そして，自分の欲しい3品と教員提示の3品をお小遣い1000円の予算の条件のもとに，買うか買わないかを判断して問題解決していく中で，意思決定のプロセスを消さずに残していくワークシートにより，自分の思考過程を振り返ることができ，批判

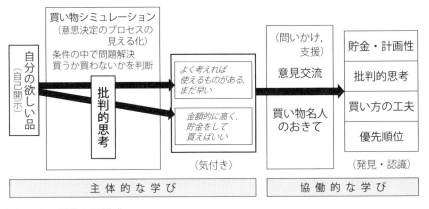

図 3-12　授業の再構成

的思考を養うのに役立つ。しかしながら，買い物シミュレーションは，主体的な活動ができる一方で，個人での活動のため気付きに個人差が生じる。学習成果の水準を保証するためにはその後の指導者の支援が重要であるが，買い物シミュレーション後に行ったグループでの意見交流により，自分だけでは気付かなかったことを発見し，さらに全体での共有化により認識を深めることができた。こうした協働的な学びがメタ認知（省察的思考）につながり，「買い物名人のおきて」の作成に至ったと考えられる。

(2) 消費生活課題解決能力を育成する授業デザイン

　本授業研究の知見を踏まえ，消費生活課題解決能力を育成する授業デザインについて，吉崎（2012b）が示した授業デザインに当てはめて理論化を試みた結果が図3-13である。消費生活課題解決能力を育成する授業デザインでは，まず指導者が，「①授業に対する思い」でどんな消費生活課題を解決するのか，授業のねらいと到達目標を定める必要がある。そのためには，背後として支える「⑤日常生活での問題意識」が重要で，学習者と消費生活課題を理解した上で到達目標を決定し，「②授業の発想」で学習者と課題に適した題材を選定しなければならない。そして，「③授業の構成」で問題解決的な学習となるよう

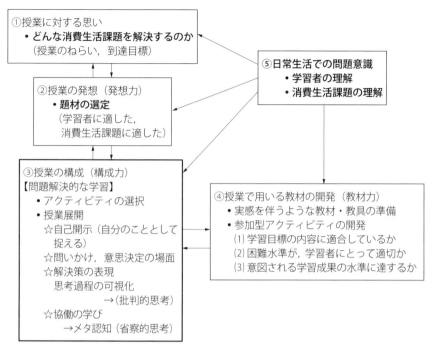

図 3-13　消費生活課題解決能力を育成する授業デザイン

に授業を設計していくわけであるが，そのためには，「④授業で用いる教材の開発」として，学習者が実感を伴うような参加型アクティビティの開発が必要である。

　アクティビティの開発にあたっては「(1)学習目標の内容に適合しているか，(2)困難水準が学習者にとって適切か，(3)意図される学習成果の水準に達するか」を検討する必要がある。導入するアクティビティが決定したら，授業展開では，当事者として批判的思考を働かせながら意思決定する場面を設けることが重要である。そのため，最初に自己開示から入ることによって自分のこととして捉えられるようにし，さらに問題解決していく思考の過程を可視化できるようにする。このことによって批判的思考が養われ，自らの意識の変容に気付くことができる。そして，アクティビティ後の支援では，協働の学びにより思考が深まり，指導者がそれらの思考を全体での共有化に導くことによって，個

人の気付きがメタ認知（省察的思考）につながり，消費生活課題解決のための実践的態度が育成される。

　消費生活課題解決能力を育成する授業デザインでは，特に「⑤日常生活での問題意識」が重要で，指導者が学習者を理解し，どれだけ学習者の消費生活課題に適したアクティビティを導入できるかにかかっている。問題解決的な学習を通して，課題に対する学習者の自己開示と問題解決における思考過程の可視化がされることによって，学習者は当事者として意思決定しながら自分の意識の変容に気付くことができる。そのことが学習者自身の生活への批判的思考を養い，消費生活課題解決のための実践的態度を養うと考えられる。

　本章では，福祉生活，食生活，消費生活における課題解決能力を育成するために，それぞれの生活課題に適した，高校生と小学生に適したアクティビティを導入して授業効果を検証した。福祉生活課題解決能力の育成では障害者との交流，食生活課題解決能力の育成では自分の食生活の問題を発見して問題解決するシミュレーション，消費生活課題解決能力の育成では，高校生には一人暮らしの家計管理，小学生にはお小遣いでの買い物という学習者に適した困難設定でのシミュレーションが効果的であることが明らかになった。そして，授業実践の実証研究から，図3-13に示したように，生活課題解決能力を育成する授業デザインモデルを導き出すことができた。

　次章では，生活課題解決能力を育成する授業評価・改善について検討し，アクション・リサーチにつなげたい。

第 4 章

生活課題解決能力を育成する
授業評価・改善

第1節　生活課題解決能力を育成する授業における授業評価と省察の必要性
――主体的に学ぶ家庭科の授業設計と授業分析の検討

1　目的

　学校教育法の改正において「主体的に学習に取り組む態度を養う」ことが明確化され，主体的な学習は，2008年学習指導要領の課題となっている。家庭科では元来，生活を主体的に営む能力の育成を目指し，生活上の課題解決能力を養うため，授業設計において主体的な学習は最も重視すべき視点である。

　しかしながら，授業設計スキルは授業者の実践経験や蓄積に委ねられ，授業経験の少ない授業者にとって，主体的な学習となるように学習者の反応を予想し，授業設計をすることは難しい。佐藤他（1990）は，「教師の教育活動は，授業場面で生起する実践的な諸問題の表象と解決の思考を基礎とする一連の選択と判断の活動である」としている。また秋田他（1991）は，熟練教師と初任教師の授業のモニタリングを比較した結果，「熟達者は，授業実践において，生徒との相互作用を通して，より多くの手がかりをとらえ，授業の流れを考慮しながら，その場に応じた対応を授業の場で構成しつつ，教授を進めていることがうかがえる」としている。実践的知識は，授業経験を通して成長していくものであるが，児童・生徒の学びを保証するためには，授業経験が少ない授業者のための効果的な授業設計スキルを検討していく必要がある。

　授業設計は，授業のねらいに対してどのような教材を選択し，どんな学習形態で，どんな授業方法にするかといった授業ストラテジーに左右される。また，授業研究の課題領域としては，「教師」「子ども」「教材」「環境」の4つが挙げられ，その4つの関係によって様々な検討すべき課題が生まれるため，それぞれの課題に応じて授業分析の方法を検討していかなければならない（稲垣・佐藤，1996）。

家庭科の授業分析については，桑畑・石橋（2002）が「家庭科教育学会誌における授業分析の動向」を分析して，今後，家庭科の授業分析の方法としてどのような方法がより適切なのかを実証的に検討することが求められることと，着眼点として履修形態による分析はほとんどないことを指摘している。「履修形態」について，中村・三好（2002）は，調理実習の授業実践報告から子どもの調理実習に対する感想および意見を分析して，「学習形態としては，子どもが多様な意見を出し学びあう中で，学習成果を上げるグループ学習が有効であると考えられる」と示唆している。

　そこで，本研究では，家庭科の授業分析でほとんど扱われていない「履修形態」による違いとして，教室での一斉授業と家庭科室でのグループ学習の比較，さらに，「教材」の違いによる比較，「教師」の違いとして熟練教師と教育実習生の授業の比較を行う。そして，家庭科の主体的な学びにつながる授業設計のための要因を抽出すること，および授業分析の方法を実証的に検討することを目的とした。

　検討にあたっては，教育学部附属校での授業を分析対象とした。なぜなら，教育学部は力量のある教員養成を目指し，教育学部の附属校は研究機関として先進的な教育実践と教育の充実に資する取り組みが求められる。附属校での教育実習は，指導教員と大学教員が連携し授業研究をすることによって，授業者と学習者の学びの関係を分析して，未熟な授業者の授業設計スキルの向上の方策を検討することができると考えたからである。

2　方法

　愛媛大学教育学部附属中学校1年生の「技術・家庭科」における食物分野の授業を研究対象とした。授業の実施時期は2009年9月末で，愛媛大学教育学部の学生3名の教育実習期間中であった。事前に附属中学校の指導教員から，授業の範囲を指示してもらい，授業のねらいと「教師」「子ども」「教材」「環境」の4つの授業研究の課題領域から，研究の枠組みを表4-1のように決定した。附属中学校は，1学年が4クラスあるため，実習生3名と指導教員である熟練教師の4名で授業を担当し，比較することとした。「履修形態」による

表 4-1　授業研究の課題領域からみた比較

指導者	実習生 A	実習生 B	実習生 C	熟練教師
学習者	1年 W 組	1年 X 組	1年 Y 組	1年 Z 組
環　境	HR 教室 前向き座席	家庭科室 班別座席	家庭科室 班別座席	家庭科室 班別座席
学習形態	一斉授業	一斉授業	グループ学習	グループ学習
教　材	掲示用写真パネル	掲示用写真パネル 実験編集 DVD	掲示用写真パネル 班別写真カード	掲示用写真パネル 班別写真カード

違いを比較するため,「環境」としてホームルーム (HR) 教室と家庭科室の2種類を設定し,環境に合わせて「学習形態」も一斉授業,グループ学習を設定し,「教材」も一斉授業,グループ学習を想定した教材を開発することとした。

　教育実習期間の前に,授業設計における教材の開発については,実習生と大学教員が協力して,表 4-2 に示すような教材を作成した。授業の展開に応じて,ひき肉の腐敗実験,ひき肉をこねる回数の実験,ハンバーグの成形と焼き方の実験を実施して,黒板掲示用の「掲示用写真パネル」,グループ学習用の「班別写真カード」「実験編集 DVD」を作成した。授業の実施にあたって,実習生3名は指導教員から細かい板書計画の指導を受け,授業に臨んでいる。

　授業分析の方法については,①授業観察による授業評価,②生徒の自己評価,③授業者の自己評価,④授業を撮影した DVD の4つの方法で授業を分析した。①授業観察者は,大学教員,家庭科教員,愛媛大学教育学部で家庭科教育法を受講して授業研究を学習した学部生が授業を参観し評価した。④授業 DVD の分析については,学習者の主体的学びを分析するため,河野 (2009) による「子どもからみた授業ストラテジーの分析基準」を使用した。

3　結果および考察

(1) 子どもからみた授業ストラテジーの分析

　授業 DVD の映像を再生して,50分授業を授業展開ごとに子どもからみた授業ストラテジーの分析基準項目で分析し,まとめたものが表 4-3 である。学習者の活動でみると,Q (単純応答:質問に答える),R1 (考える:自分の考えをプ

表 4-2 授業の展開と作成した教材

	学習内容と学習のねらい		教材の作成
導入	肉の種類と料理	・昨日の夕食の肉料理を発表する ・肉の種類によって，いろいろな料理があることを知る	
展開	1) ひき肉の種類と衛生上の特性	◆豚・牛・鶏の3種類のひき肉の違いがわかる ◆肉の鮮度による違いがわかる ◆肉による食中毒の原因を知り，食中毒予防のための調理上の注意（75℃，1分以上の加熱）を知る	◆豚・牛・鶏のひき肉3種の写真【黒板掲示用パネル，班別配布用カード】 ◆腐敗したひき肉3種の写真【黒板掲示用パネル，班別配布用カード】 ◆食中毒の原因菌の写真
	2) ひき肉の調理上の特性	◆ひき肉はこねる回数によって，成形や出来上がりに違いがあることを知る	◆ひき肉をよくこねたものと，こねないで成形して焼いたものの断面写真【黒板掲示用パネル，班別配布用カード，実験の編集DVD】
	3) ハンバーグについて ①材料と役割 ②成形	◆ハンバーグの材料を考え，発表する。材料の役割について理解する ◆成形上の注意（中央を窪ませる）を知る	◆ハンバーグの材料写真【黒板掲示用パネル】 ◆丸く成形したものと，中央を窪ませた2種のハンバーグの焼き上がりの写真【黒板掲示用パネル，班別配布用カード，実験の編集DVD】
	③焼き方 （蓋有・蓋無）	◆焼き方（蓋有，蓋無）の違いを知り，蓋をすることを理解する	◆焼き方（蓋有，蓋無）の違いによる2種類の写真【黒板掲示用パネル，班別配布用カード，実験の編集DVD】
	④焼き上がり （内部温度）	◆焼き上がりのハンバーグの内部温度から，焼き上がりを理解する（内部温度75℃以上） ◆焼き上がりを知るために肉汁の色（透明）での判断の仕方を知る	◆3種類の焼き上がりのハンバーグの内部温度と断面写真【黒板掲示用パネル，班別配布用カード，実験の編集DVD】 ◆生焼けで肉汁が赤い状態の写真【黒板掲示用パネル，班別配布用カード】
まとめ	本時のまとめ	・本時の要点の復習をする	

表 4-3 子どもからみた授業ストラテジーの分析

教材＼展開	実習生 A（HR 教室）	実習生 B（班別）	実習生 C（班別）	熟練教師（班別）
	掲示用写真パネル	掲示用写真パネル 実験編集 DVD（AV）	掲示用写真パネル 班別写真カード	掲示用写真パネル 班別写真カード
（導入） 肉の種類と料理	[所要時間 6 分 40 秒] Q：7 回（前日の夕食） Q：2 回（肉の種類）	[所要時間 4 分 44 秒] Q：5 回（前日の夕食） Q：1 回（肉の種類）	[所要時間 6 分 39 秒] Q：9 回（前日の夕食） Q：2 回（肉の種類）	[所要時間 7 分 50 秒] Q：14 回（前日の夕食） Q：5 回（肉の種類） E：1 回（体の肉つまむ）
1）ひき肉の種類と衛生上の特性	[所要時間 15 分 7 秒] Q：5 回（挙手 3 回） R1：3 回［4 分 53 秒］ R2：9 回	[所要時間 13 分 30 秒] Q：2 回（挙手 2 回） R1：3 回［3 分 2 秒］ R2：8 回	[所要時間 16 分 52 秒] Q：6 回（挙手 4 回） R1：1 回［1 分 3 秒］ D2：2 回［4 分 36 秒］ R2：6 回	[所要時間 14 分 52 秒] Q：3 回（挙手 1 回） R1：1 回［1 分 13 秒］ D2：2 回［2 分 17 秒］ R2：9 回
2）ひき肉の調理上の特性	[所要時間 2 分 55 秒] L のみ （教師の説明聞く）	[所要時間 7 分 48 秒] AV：1 回［2 分 35 秒］ Q：3 回 E：1 回（手の大きさ比べる）	[所要時間 4 分 59 秒] D2：1 回（47 秒） R2：2 回	[所要時間 8 分 10 秒] Q：7 回 D2：1 回［1 分 7 秒］ R2：4 回
3）ハンバーグについて ①材料と役割 ②成形 ③焼き方 　（蓋の有無） ④焼き上がり 　（内部温度）	[所要時間 23 分 51 秒] Q：13 回（材料） Q：5 回（挙手 1 回） R1：2 回［4 分 55 秒］ R2：3 回	[所要時間 19 分 50 秒] Q：6 回（材料） AV：4 回［3 分 36 秒］ Q：7 回 R1：2 回［5 分 29 秒］ R2：3 回	[所要時間 17 分 46 秒] Q：2 回（材料） R1：2 回［3 分 13 秒］ D2：2 回［2 分 30 秒］ R2：3 回	[所要時間 16 分 32 秒] Q：5 回（材料） Q：1 回（挙手 1 回） R1：2 回［2 分 11 秒］ D2：2 回［2 分 27 秒］ R2：2 回
本時のまとめ	[所要時間 2 分 9 秒] R1：1 回［21 秒］ （感想記入）	[所要時間 4 分 8 秒] R1：1 回［2 分 18 秒］ （感想記入）	[所要時間 3 分 44 秒] R1：1 回［1 分 19 秒］ （要点復習を記入） R1：1 回［2 分 18 秒］ （感想記入）	[所要時間 2 分 40 秒] Q：7 回（要点復習）
50 分授業の授業ストラテジーの分析基準項目の合計 [合計時間]				
Q：単純応答	32 回（挙手 4 回）	24 回（挙手 2 回）	19 回（挙手 4 回）	42 回（挙手 2 回）
R1：考える	6 回［10 分 9 秒］	6 回［10 分 49 秒］	5 回［7 分 53 秒］	3 回［3 分 24 秒］
D2：話し合い	0 回	0 回	5 回［7 分 53 秒］	5 回［5 分 51 秒］
R2：発表	12 回	11 回	11 回	15 回
E：作業	0 回	1 回	0 回	1 回
AV：映像見る	0 回	5 回（6 分 11 秒）	0 回	0 回

L：教師の話を聞いたり，プリントに記入したりする。挙手：質問に対して全員が挙手で応答。

リントにまとめる），D2（話し合い：グループで討論する），R2（発表：考えたり話し合ったりしたことを発表する），E（作業：具体的に作業をする），AV（映像（DVD）を見る）以外は，すべてL（聞く：教師の話を聞いたり，ノートをとったりする）活動である。表の中では，L（聞く）の項目を省略しているが，実習生Aの「2）ひき肉の調理上の特性」の場面では，学習者のQ，R1，D2，R2，E，AVの活動がなかったため，「Lのみ」と入れている。

　4つの授業について，50分の授業ストラテジーの分析基準項目の合計で比較すると，熟練教師ではQ（単純応答）の回数が42回と多いことがわかる。授業展開の中で，単純応答が集中しているのは，導入の場面で「昨日の夕食でお肉料理があった人は何を食べましたか」の質問に対する応答と，「3）ハンバーグについて」の①材料と役割の場面で，「ハンバーグの材料には何が入っていますか」に対する応答の2ヵ所である。授業全体での学習者の参加をみるためこの2ヵ所での単純応答を除くと，他の場面での単純応答の回数は，実習生Aが12回，実習生Bが13回，実習生Cが8回，熟練教師は23回となる。その単純応答のうち，「この写真が豚肉だと思う人は手を挙げて」のように質問に対して挙手で応答するのではなく，生徒が声を出して応答した回数は，実習生Aが8回，実習生Bが11回，実習生Cが4回，熟練教師は21回であった。熟練教師は，50分授業を通して，最初から最後まで生徒の応答を求めていたことがわかる。さらに，R2（発表）の回数を比較しても，熟練教師が15回と実習生3名に比べて多くなっている。

　次に，R1（考える），D2（話し合い）について比較する。実習生AはHR教室での一斉授業で，質問に対して各自で考える形式で授業を進め，実習生Bは家庭科室で班ごとに着席しているが，DVDの映像を見せながら説明し，質問に対して各自で考える形式で授業を進めているため，実習生A，BともにR1（考える）が6回で，グループでのD2（話し合い）が0回である。実習生Cと熟練教師は，家庭科室の班別座席で，グループ学習を中心に授業を進めているため，D2（話し合い）が5回となっている。また，R1（考える）の回数が実習生Cの5回に対して熟練教師が3回と少ない。これは，本時のまとめにおいて，実習生Cはワークシートのまとめの問題を考えて書かせた（R1）上に，ワークシートに授業の感想を書かせた（R1）ので2回と数えたのに対して，熟練教師

はワークシートのまとめの問題を生徒に質問して回答（Q：単純応答）をさせながら確認し，最後に感想を書く時間がなくなったためである。

　生徒の主体的活動であるR1（考える），D2（話し合い）の時間を比較すると，一斉授業形式の実習生A，実習生Bは，教室と家庭科室の違いはあるが，R1（考える）の合計時間はともに約10分でほとんど同じであった。グループ学習の実習生Cと熟練教師のR1（考える），D2（話し合い）の合計時間を比較すると，熟練教師の9分15秒に対して実習生Cは15分46秒と長い。熟練教師が実施していない本時のまとめの場面でのR1（考える）の2回分の所要時間を除いても12分9秒で，実習生Cは生徒が話し合ったり考えたりすることに時間をかけていることがわかる。これに対して，熟練教師は，生徒が考えたり話し合ったりする時間を切り上げて，質問や生徒の発表の機会を多くして授業を進めていることがうかがえる。

　その他の分析基準項目として，E（作業）は，実習生Bと熟練教師が1回ずつ取り入れていた。実習生Bは，「(2) ひき肉の調理上の特性」の場面で，こねる回数は人の手の大きさや力によっても違うことを理解させるため，周りの人と手の大きさ比べをさせている。熟練教師は導入の場面で，肉の種類と部位の違いを理解させるために，自分の頬と腿の肉をつまんで硬さの違いを確認させている。AV（映像を見る）は，教材として実験編集DVDを流しながら説明している実習生Bの授業にのみ出現し，合計5回，所要時間は合計6分11秒であった。

(2) 生徒の自己評価

　授業後に生徒に自己評価プリントを配付し，授業の展開ごとに「意欲的に考えられた」「内容が理解できた」の項目について，そう思う（4点），ややそう思う（3点），あまり思わない（2点），思わない（1点）の4段階で自己評価させた。表4-4は，4つの授業について，授業展開場面ごとにクラス生徒の自己評価点の平均点を算出している。4つの授業とも生徒の自己評価は高く，「意欲的に考えられた」は，すべての授業展開場面で3.6〜3.8を示し，「内容が理解できた」は，4つの授業ともすべての授業展開場面の内容について3.8〜3.9と非常に高い理解度を示しており，有意差はみられなかった。授業展開場面ご

表4-4 生徒の自己評価

評価項目	実習生A (HR教室)		実習生B (班別)		実習生C (班別)		熟練教師 (班別)	
	意欲的に考えられた	内容が理解できた	意欲的に考えられた	内容が理解できた	意欲的に考えられた	内容が理解できた	意欲的に考えられた	内容が理解できた
1) ひき肉の種類と衛生上特性	3.7	3.8	3.7	3.9	3.6	3.8	3.8	3.9
2) ひき肉の調理上の特性	3.6	3.9	3.6	3.8	3.6	3.8	3.8	3.9
3) ハンバーグについて	3.8	3.9	3.8	3.9	3.7	3.9	3.8	3.9
教材に対する自由記述	写真がわかりやすかった（4人）		映像や写真がわかりやすかった（20人）		写真がわかりやすかった（5人）		写真がわかりやすかった（6人）	

とに感想を自由記述で書く欄も設けたが，知識に対する記述も4つの授業で差はみられず，全体の自由記述の感想でも「新しい発見がたくさんあった」「比較があってわかりやすかった」と同じように評価していた。

この評価は，授業設計の段階から，実習生，指導教員，大学教員が協力してかかわり，授業のねらいと授業展開に従って教材を開発し，授業の流れ，板書計画に至るまで計画されていた点が大きいと考えられる。生徒の意欲や理解度について，HR教室か家庭科室かといった「環境」や，一斉授業かグループ学習かといった「学習形態」による差異は，生徒の自己評価にはみられなかった。しかしながら，自由記述の中で教材について書いた人数を比較すると，実習生Bでは，「映像や写真がわかりやすかった」と20人が挙げており，写真だけに比べ，映像に対する生徒の印象が強いことがわかる。

（3）授業参観者の授業評価

授業参観者の授業評価については，授業を見ながら授業の展開に従って，場面ごとに「生徒の様子」「指導者について」を分けて記述してもらった。4つの授業について，授業参観者の授業展開場面ごとの評価をまとめたのが表4-5である。

4つの授業における意欲や理解度の差異について，生徒の自己評価からは差

表4-5 授業参観者の展開ごとの授業評価（○生徒の様子，●指導者について）

	実習生A（HR教室）	実習生B（班別）	実習生C（班別）	熟練教師（班別）
参観者人数	教員 4名 学生 4名	教員 5名 学生 3名	教員 3名 学生 3名	教員 3名 学生 11名
教材 展開	掲示用写真パネル	掲示用写真パネル 実験編集DVD（AV）	掲示用写真パネル 班別写真カード	掲示用写真パネル 班別写真カード
（導入） 肉の種類と料理	○夕食の発表で盛り上がる。	○夕食嬉しそうに発表。 ●肉の種類がすぐに終わった。生徒の興味に繋がったか疑問。	○夕食の発表、生徒の反応が良い。	●夕食の発表にコメントがある。 ●板書が早い。 ○部位の違いを実際に頬と腿を触って実感していた。
1）ひき肉の種類と衛生上の特性	○全員が挙手で答えたり，積極的に発表して楽しそう。 ○写真に興味を持っていた。写真が光って見にくい。 ●生徒の発表そのままで，思考の共有がない。 ●説明がやや一方的で弱い。	○写真に興味。腐敗の写真をみて驚きの声。 ●一問一答のみで，「なぜ」の発問がほしい。	○写真に興味。写真カードを手に取って見比べてよく話し合っている。 ●グループワークを制止して進めるのに時間がかかる。 ●板書は生徒が言ったまま書かない方がよい。	○生徒は，写真カードに釘付け。よく話し合っている。 ○机間指導のとき，生徒の呟きやおもしろい意見をチェックして発表させている。意見を共有化。 ●どうしてその知識が必要なのかを説明している。
2）ひき肉の調理上の特性	○写真に興味を持っていた。 ○ワークシートの空欄を写すだけで，積極的に参加できていない。 ●生徒に考えさせる内容がなく，理解に対する問いかけもないし理解できているか不明。 ●答えを言うだけで，なぜの説明がない。	○ひき肉をこねる実験のDVDを熱心に見ていた。 ○こねる回数の違いを理解するために手の大きさ比べが楽しそう。 ●DVDを見ながら説明するのが難しそうだった。 ●DVD中の実験のようにこねた方は，もっとこねるべき。	○写真カードを見比べて，よく話し合いができていた。 ●机間指導が，何となく一周しただけ。 ●先に結論を言わないで，生徒に考えさせた方がよい。	○写真カードを見ながらよく話し合って，積極的に発表している。 ●導入の夕食と関連づけている（ひき肉を使っているのは？）。 ●終わった写真を片付けさせるよう指示して次の写真を配布。 ●机間指導で生徒によく声かけ，書いている内容を確認している。
3）ハンバーグについて ①材料と役割 ②成形 ③焼き方（蓋有・蓋無） ④焼き上がり（内部温度）	○自分の家のハンバーグの材料の発表が楽しそう。 ○写真を見ながら，よく考えてワークシートを書いていた。 ○集中している生徒とそうでない生徒に差がみられた。 ○わかった人で手を挙げるのも大体同じ人で参加度の低い者もみられた。 ●板書や説明がわかりにくい部分がある。 ●焼き方の説明を教員が一方的にして，生徒は聞くだけ。	○DVDが映ると一斉によく見て集中し，落ち着いて授業を受けている。 ○DVDがわかりやすく，見ながらよく考えてワークシートを書いていた。 ●教員の説明を聞く時間が多く，話し合いや発表をする場面が少ない。 ●映像がわかりやすく，うまく止めたり進めたら，質問をしながら進めているのがよい。 ●教師主導の流れで単調さも感じた。話し合いが活発になる工夫がほしい。	○家のハンバーグの材料で盛り上がる。 ○写真カードが配られるたびに感激。写真を見比べてグループで話し合う。 ○グループ内でわからない人がいたときに教えてあげていた。 ●写真カードをタイミングよく配布し，ワークシートを記入させていた。 ●生徒に発表させる時間が少なく，教員が回答を言っていく場面が多い。 ●焼き上がりについて中身を割らなくてもよいようにと説明している。	○写真カードをよく見て，グループワークが活発に行われている。 ○グループ内でわからない子を生徒同士で助け合っている。 ●生徒の気付きを大切にしている。 ●机間指導→気付きの確認→発表させる→復唱，板書して共有化。 ●なぜその知識が必要か実生活と結び付けている。生活化への汎用性が高い。
本時のまとめ	●板書を使ってわかりやすく本時のまとめをしていた。 ●ワークシートのまとめは回答を言うのみ。	●教員がまとめの回答を言っていたので，生徒に発表させるとよい。	○ワークシートのまとめの問いを集中してよく考えて記入していた。 ●回答は，教員が言うのみ。	○ワークシートのまとめの問いを生徒が発表。 ●理解できているか，確認していた。

異はみられなかったが，授業参観者の「生徒の様子」の記述には違いが表れている。表4-3で示された，子どもからみた授業ストラテジーの授業展開場面ごとの分析結果と照らし合わせてみると，まずL（教師の説明を聞く）のみであった実習生Aの「2）ひき肉の調理上の特性」の場面に対し，授業参観者は生徒の様子を「ワークシートを写すだけで，積極的に参加できていない」と評価している。

さらに，「3）ハンバーグについて」の場面では，4つの授業とも約20分と所要時間が長く，一斉授業とグループ学習の学習形態によって生徒の様子に違いが出ている。実習生A（HR教室：一斉授業）では，所要時間23分51秒と最も長い時間をかけているが，ハンバーグの材料を聞くところで13回のQ（単純応答）があり授業が盛り上がっている。しかしその後は，R1（考える）が4分55秒で，生徒の活動を除くと，他の3つの授業に比べてL（教師の説明を聞く）の時間が長くなる。この場面での授業参観者の授業評価では，生徒の様子について「集中している生徒とそうでない生徒に差がみられる」「分かった人で手を挙げるのも大体同じ人で，参加度の低い者もみられた」と評価している。

実習生B（班別：映像，一斉授業）では，「DVDが映ると一斉によく見て集中し，落ち着いて授業を受けている」と教材による授業効果を評価しているが，一方で「教員の説明を聞く時間が多く，話し合いや発表をする場面が少ない」と生徒の主体的活動の少なさが指摘されている。これに対し，グループ学習で授業を進めた実習生Cでは，「写真カードが配られるたびに感激。写真を見比べてグループ内で話し合う」「グループ内でわからない人がいたときに教えてあげていた」，熟練教師では，「写真カードをよく見て，グループ活動が活発に行われている」「グループ内でわからない子を生徒同士で助け合っている」とグループ学習の効果が挙げられている。班ごとに配られて手に取って見比べることができる班別写真カードの教材とグループ学習の効果として，一人で考えたらわからないまま時間が過ぎてしまうこともグループで話し合うことによって理解が進み，生徒が主体的に授業に参加できている様子がうかがえる。

また，E（作業）を取り入れた場面における「生徒の様子」をみると，実習生Bでは「こねる回数の違いを理解するために手の大きさ比べが楽しそう」，熟練教師では「部位の違いを実際に頬と腿を触って実感していた」と評価され

ている。簡単な作業でも実際に活動して試したりすることが生徒にとって刺激になっていることがうかがえる。

次に「指導者について」の授業評価を比較すると，実習生3名と熟練教師の違いが具体的に挙げられている。実習生Aでは「生徒の発表そのままで，思考の共有がない」「答えを言うだけで，なぜの説明がない」，実習生Bでは「一問一答のみで，なぜの発問がほしい」，実習生Cでは「板書は生徒が言ったまま書かない方がよい」「机間指導が，何となく一周しただけ」と指摘されている。実習生が生徒からの応答にうまく対応できていない場面や，予定していた学習内容にそってそのまま教師が回答のみを言っている場面が多いことがわかる。実習生が思いがけない応答に躊躇するのに対し，熟練教師では「机間指導のとき，生徒の呟きやおもしろい意見をチェックして発表させている」「机間指導→気付きの確認→発表させる→復唱，板書して共有化」と，生徒の気付きを大切にしながら授業の進行に役立つ意見を拾い，意図的に授業が展開されていることがうかがえる。まさに，前述の「熟達者は，授業実践において，生徒との相互作用を通して，より多くの手がかりをとらえ，授業の流れを考慮しながら，その場に応じた対応を授業の場で構成しつつ教授を進めている」（秋田他，1991）状況であるといえる。

さらに，熟練教師では，「どうしてその知識が必要なのかを説明している」

表4-6 熟練教師による「なぜその知識が必要か」の発話例

1) ひき肉の種類と衛生上の特性	・どのお肉か，写真で特徴を読み取れてほしいんですよ。だって，スーパーに行きました。ラップしてお肉が売っているわけじゃないですか。豚が後ろにいるわけではないから，この状態で違いを知ってほしいですね。 ・スーパーでお肉を買って，うっかりお話に夢中になったり，置いたままにしておくと，こんなになってしまう。腐敗したお肉の特徴は？ ・腐敗して色が違うとわかるということは，新鮮なものを知っているからわかることで，だからこうやって比較しているんですよね。
3) ハンバーグについて ③焼き上がり （内部温度）	・3枚の写真に温度計が付いているのがわかりますか。内部温度が62℃では，表面は焼けていても肉汁が赤い血の色をしていて中まで焼けていません。内部温度80℃で肉汁が透明になっていたら大丈夫です。家でハンバーグ焼くときに1回1回温度計を刺したりしないですよね。だったら，肉汁で焼けたかどうかを見てほしいと思います。

「なぜこの知識が必要か実生活と結び付けている。生活化への汎用性が高い」と評価されている。これは，家庭科の目標である実生活への実践力を養う上で欠かすことができない重要な視点である。熟練教師による「なぜその知識が必要か」の発話例を表4-6に示した。授業の流れの中で，知識を教える前にタイミングよく具体的に生活と結びつけて発問や説明をしている。

（4）授業者の自己評価

授業後に，授業者の自己評価として，授業の展開ごとに「生徒の様子や考えたこと」について記述してもらった結果を表4-7に示した。

4名の授業者の展開ごとの自己評価を，表4-3の子どもからみた授業ストラテジーの分析，および表4-5の授業参観者の展開ごとの授業評価と照らし合わせてみると，授業者がよく自己分析できていることがわかる。たとえば，実習生Bの導入の場面では，他の3名に比べて生徒のQ（単純応答）の回数が少なく，所要時間も短くなっており，授業参観者から「肉の種類がすぐに終わった。生徒の興味に繋がったか疑問」と評価されている。これに対して，実習生Bは「前日の夕食であまり手が挙がらず，肉に興味を持っているのかわからなかった」と自己評価している。また，実習生Cの「1）ひき肉の種類と衛生上の特性」の場面では，所要時間が16分52秒と他の3名に比べて長くかかっており，授業参観者からは「グループワークを制止して進めるのに時間がかかる」と評価されている。これに対して実習生Cは「ひき肉の種類や特徴で気付きを書かせる時間を少し取り過ぎたかなと思う」と時間がかかったことを自己分析できている。さらに，実習生Aの「2）ひき肉の調理上の特性」の場面では，生徒の主体的活動がなくL（教師の説明を聞く）のみで，授業参観者からは「生徒に考えさせる内容がなく，理解に対する問いかけもないため，理解できているか不明」と評価されているのに対して，実習生Aは「時間短縮のため，全て教師側からの内容になってしまった」と自己評価している。

熟練教師と実習生3名の自己評価を比較すると，実習生が生徒の様子や自分の対応に関する記述に終始しているのに対して，熟練教師は授業場面ごとの授業内容について考えながら自己評価をしている。導入の場面では，熟練教師の所要時間が7分50秒と，他の実習生3名に比べると長い時間をかけている

表 4-7　授業者の展開ごとの自己評価

展開 \ 教材	実習生 A（HR 教室） 掲示用写真パネル	実習生 B（班別） 掲示用写真パネル 実験編集 DVD（AV）	実習生 C（班別） 掲示用写真パネル 班別写真カード	熟練教師（班別） 掲示用写真パネル 班別写真カード
（導入） 肉の種類と料理	前日の肉料理をたくさん発表してくれた。	前日の夕食であまり手が挙がらず、「肉」に興味を持っているのかわからなかった。	前日の夕食を思い出して、生徒の皆も盛り上がってくれたので良かった。	肉料理を出させた後、「どんな肉？」そして、「どこの部位を使っている？」と引き出させたかった。
1）ひき肉の種類と衛生上の特性	1年生なので、「Aだと思う人？」など少し幼い感じで聞いてみた。 写真が見えにくそうだった。	腐敗した肉の写真を見せると「うわー」と反応して効果的だった。後ろの席は見えにくいかと思ったけど、後ろの席の生徒も発表してくれた。	ひき肉の種類や特徴で気付きを書かせる時間を少し取りすぎたかなと思う。でも、生徒が写真をみて、よく反応してくれてうれしかった。	新鮮な肉と腐敗した肉を見分けるのは大切だと思う。写真は効果大。
2）ひき肉の調理上の特性	本来は一人代表で前に出てもらって発表してほしかったが、時間短縮のため、全て教師側からの内容になってしまった。	DVD を見せると、生徒もすごく集中して画面を見るので、効果的だと思った。	私の発問が悪かったこともあり、挙手が少なかった。しかし、ワークシートは、写真を見たり私の説明をしっかり聞いてよくまとめられていた。	よくこねたものとあまりこねていないものとで比較させた。写真はとてもわかりやすかった。
3）ハンバーグについて ①材料と役割 ②成形 ③焼き方 　（蓋有・蓋無） ④焼き上がり 　（内部温度）	各家庭のオリジナルな食材をたくさん発表してくれたので、もっとそれについてのコメントができればよかった。 ハンバーグの材料を知らない生徒もいて、空白のワークシートの生徒もいた。	各家庭のオリジナルの食材が想像以上に多く、予想外なものにうまくコメントできなかった。 焼き上がりの温度の実験は、DVD では見にくいので、各班に写真を配った。	材料の役割も考えるはずが時間がなく自分で説明してしまった。写真カードが多く、生徒も大変かと思ったが、きちんと見比べて着目していたと思う。	形の違い、ふたの違い、温度の違いは、口頭で伝えるのは難しいので、写真が多く、ゆっくり話ができなかった。生徒も忙しいので、DVD を使うのもよかったかもしれない。
本時のまとめ	時間が足らなかったため、まとめができなかった。	思っていたより時間が余ったので驚いた。最後に調理実習に生かせるように働きかけることができた。	ワークシートのまとめをきちんと書けている生徒が多く、理解しているのだと安心した。	

が，これに対して「肉料理を出させた後，『どんな肉？』そして，『どこの部位を使っている？』と引き出させたかった」と，導入で前日の夕食を取り上げる意義を挙げている。熟練教師の授業展開では，「2）ひき肉の調理上の特性」の場面において再度，前日の夕食を取り上げ，授業参観者からも「導入の前日の夕食と関連づけている」と評価されているが，熟練教師が導入を大切にして授業を展開していることがわかる。

　次に，授業者の自己評価から，教材や履修形態について比較する。実習生A（HR教室：一斉授業）は，「写真が見えにくそうだった」と掲示用写真パネルが反射して見えにくいと生徒から指摘されたこともあり，一斉授業での教材の難点を指摘している。しかしながら，授業全体を通しての自己評価では，「教室の授業は指示が通りやすく，授業はやりやすかった」と自己分析していた。実習生B（班別：映像，一斉授業）の授業全体を通しての自己評価では，「展開ごとにDVDを流して止めて説明してまた流してというのを繰り返すのは大変だった」と，映像による授業展開の難しさを挙げる一方で，「DVDを見せると，生徒もすごく集中して画面を見るので効果的だと思った」と映像の効果も実感している。グループ学習を実践した実習生Cは，授業全体を通しての自己評価として「各班に写真を配ると写真に見入ってくれ，比べさせると真剣に写真を見比べていたのが印象的でした」と，班別写真カードの効果を挙げている。熟練教師は，授業展開の場面ごとに授業内容を確認しながら，教材が適切だったかを分析しているが，同様に班別写真カードの効果が大きいことを挙げている。しかしながら，2人とも配布する写真カードの枚数が多かったことを指摘し，熟練教師は，「3）ハンバーグについて」の展開場面では「生徒も忙しいのでDVDを使うのもよかったかもしれない」と振り返っている。

4　総括——研究の結論と示唆

　本研究では，「履修形態」「教材」「教師」の違いから4つの授業を設定し，家庭科の主体的な学びにつながる授業設計の要因を抽出するために，4つの授業分析の方法を用いて実証的に検討してきた。この研究の総括として，以下の研究目的の2点について結論と示唆をまとめる。

(1) 家庭科の主体的な学びにつながる授業設計の要因

　本研究では，家庭科の授業分析でこれまでほとんど扱われていない「履修形態」について授業分析をした。「環境」としてHR教室と家庭科室を設定したが，家庭科室は調理実習室ではなく被服室で6台の班ごとの座席となっており，広さはHR教室とほぼ同じで，日頃から家庭科の授業はすべてこの教室で実施していた。今回，一般的に行われているHR教室での一斉授業を比較するため，HR教室での授業を設定した。HR教室と家庭科室の広さは変わらず，家庭科室での一斉授業にも日頃から慣れているため，本研究では「環境」による違いよりも一斉授業かグループ学習かといった「学習形態」による違いが大きかった。
　一斉授業は，落ち着いて授業が展開されやすく，授業経験が少ない指導者にとっては指示が通りやすく授業が展開しやすいことが示唆された。しかしながら，学習者の主体的な学びでみると，一斉授業では生徒は教師の説明を聞く場面が多く，教師主導の授業展開となりやすい。考える活動を取り入れたとしても，わからない生徒は思考が止まってしまい，生徒の授業への参加度に差が生じる傾向がある。一方，グループ学習では，グループ内でわからない生徒に教えたり話し合ったりすることによって，生徒が主体的に授業に参加できていた。学習者の主体的な学びにつながる授業設計としては，「学習形態」ではグループ学習の方が望ましいといえる。しかしながら，グループ学習はグループワークをすることによって生徒が主体的に参加しやすいが，授業経験の少ない指導者にとっては，グループワークを制止して進めるのに時間がかかりがちであることが示唆された。
　「教材」については，本研究では，授業の展開に応じて学習のねらいを達成できるように事前に実験等をして，「黒板掲示用パネル」「班別配布用カード」「実験の編集DVD」を作成した。「履修形態」に応じて，一斉授業では「黒板掲示用パネル」「実験の編集DVD」，グループ学習では「班別配布用カード」を主に「教材」として使用したが，生徒の理解度には差はみられなかった。しかしながら，生徒にとっては「実験の編集DVD」に対する印象が最も強く，映像を流すと生徒の集中度は上がるため，映像による授業効果は大きいといえる。その一方で，映像を見る活動は学習者にとっては受け身となりやすく，学習者が主体的に授業へ参加できるように授業設計において工夫が必要である。

また，「黒板掲示用パネル」は，教室の一斉授業では，生徒から反射して見えにくいと指摘されている。それに対して，「班別配付用カード」はグループで直接手に取りながら身近で比較することができ，より生徒の納得感を導きやすい。しかしながら，グループ学習では，「班別配付用カード」の枚数が多いと煩雑になり，生徒も収拾がつかなくなったり，指導者も授業展開がしにくくなったりする可能性があることが示唆された。

　授業設計の段階でどの「教材」を選ぶかは，授業効果を左右する難しい課題である。黒板掲示，映像，配付物（手に取れる教材）を，学習のねらいに応じて組み合わせながら授業展開をすると，生徒は集中し，主体的に授業参加できる可能性が高い。特に，家庭科は生活と密接にかかわり，実物教材が多いので，効果的に活用することが主体的な学びにつながると考えられる。

　「教師」の違いについては，本研究では熟練教師と実習生の授業を，学習者の主体的な学びの視点で比較した。熟練教師と実習生の授業分析の結果として，大きく二つの点が挙げられる。まず一つは，熟練教師は，50分授業を通して生徒に単純応答や意見を発表させていたことで，実習生に比べるとその回数が明らかに多かった。授業展開や教材が同じであっても，生徒の単純応答や発表の回数と，生徒の授業への参加度に深い関係がみられた。生徒が主体的に授業に参加するためには，教師からの説明を聞くだけではなく，生徒の意見を引き出して，教師が確認しながら授業を展開することが重要だと考えられる。このことから授業設計において，「何を教えるか」に視点を置くのではなく，生徒に「何を考えさせて，どんな意見を出させるのか」を基本にして授業展開を組み立てることが，学習者の主体的な学びにつながると予想される。

　熟練教師と実習生の授業展開を分析して違いがみられたもう一つの点は，熟練教師が授業の流れの中で，常に「どうしてその知識が必要なのかを説明している」ことであった。家庭科では，知識や技術を学ぶだけではなく，実生活に活用する力が求められる。その知識が生活にどう生かされるのかを説明することは，生徒が主体的に学ぶための動機付けとして欠かせないと考えられる。したがって，授業設計において，教師が学習内容を整理して，一つ一つの知識が生活とどう結びついているかを認識し，生徒へ伝える工夫をすることが重要であろう。

（2）授業分析方法の検討

本研究では，①授業観察による授業評価，②生徒の自己評価，③授業者の自己評価，④授業を撮影したDVDという4つの授業分析方法を用いて，「履修形態」「教材」「教師」の違いから，学習者の主体的な学びの視点で授業分析を行った。その際，授業DVDの映像の分析では，河野（2009）による「子どもからみた授業ストラテジーによる分析項目」を用いて，Q（単純応答），R1（考える），D2（話し合い），R2（発表），E（作業），AV（映像を見る）といった学習者の活動のみを抽出して，出現回数の比較を行い，R1（考える），D2（話し合い），AV（映像を見る）については活動時間を比較した。この分析方法は，50分間の授業における教師と生徒の発話を逐語記録することに比べると，簡単に行える方法である。この分析により，学習者の活動の回数の多さが，生徒の主体的な学びとして授業参加度を高めていることが，授業参観者の授業評価から実証された。

しかしながら，活動時間については長いほど良いとは一概にいえないことも示唆されている。たとえば，一斉授業におけるR1（考える）の時間には，わからない生徒は思考が止まってしまい，集中している生徒とそうでない生徒に差が生じている。授業経験が少ない指導者は，D2（話し合い）の時間が熟練教師に比べて長くなりやすい傾向もみられた。このことから，「子どもからみた授業ストラテジーによる分析」は，学習者の主体的な学びを分析する上で簡易な方法として優れているが，量的な授業分析だけではなく，授業観察者の質的な授業評価を併用して分析する必要がある。

また，本研究では，生徒の自己評価による授業分析を実施した。しかし，授業参加者の授業評価による分析では生徒の様子に差がみられた場面でも，生徒の自己評価では，授業への意欲や知識理解について統計的にも感想の記述内容にも差がみられなかった。授業研究において，授業設計や教材に力を入れれば入れるほど授業効果は高くなり，生徒の自己評価から学習者の主体的な学びの違いを分析することは困難になると考えられる。

さらに今回，授業者の自己評価について，授業DVDの「子どもからみた授業ストラテジーによる分析」「授業参観者の授業評価」と，授業展開場面ごとに照らし合わせながら分析をした。その結果，実習生である未熟な授業者で

あっても的確に省察ができていた。このことから，実践的知識は授業経験を通して成長していくものであるが，授業後にきちんと省察をすることが，未熟な授業者がより早く熟練教師になる方法であることが示唆された。

第2節　福祉生活課題解決能力を育成する授業の評価・改善
―― 参加型アクション志向学習による学習者の思考の変容プロセス

1　目的

　日本の障害者福祉においては，1995年に「障害者プラン」が策定され，ノーマライゼーションに向けた戦略がスタートした。現在，市町村および都道府県単位で「障害者福祉計画」の作成が義務づけられ，「共生社会」の理念の下，障害者が社会の対等な構成員として人権を尊重され，地域での自立生活を基本にあらゆる活動に参加できる社会を目指している（内閣府，2008）。それにともない，将来を担う若者に対する障害者に関する理解の促進が課題となっている。
　家庭科教育においては，1994年に実施された高等学校学習指導要領の改訂で，家庭科の必修科目に"高齢者の生活と福祉"が設けられて，社会福祉とボランティアが取り上げられ，福祉に関する授業実践がされるようになっている。河村他（2003）は「家庭科教育における福祉教育実践の方向性」において，家庭科教育における福祉教育実践事例を分析している。その結果，体験学習の必要性を認識し，授業に取り入れるまではなされているが，その結果を生徒同士で披露しあい，それぞれの考えから新たな考えを導き出すレベルまでになかなか実践されにくい現状を明らかにしている。今後の方向性としては，家庭科教育における福祉教育実践では，生活に密着した福祉問題に対する解決能力を育むことを最終目標とし，学習者が福祉問題を自分のこととして捉えて，課題解決能力を培うためには学習者の思考の変容を促す必要があることを指摘している。
　また，中間（2004）は，解決すべき生活問題のレベルを表4-8のように3段階で示しており，「共生社会」で求められるのは，レベル3の「批判的思考により，権力関係，差別や偏見，圧迫・束縛からの解放のための行動を通して，

表4-8 解決すべき生活問題のレベル

レベル1 個人の生活問題	手段的実践 技術的行為
レベル2 家族や地域社会の人々の生活問題	相互作用的実践 コミュニケーション的行為
レベル3 社会システムにおける生活問題	内省的実践 解放的行為

出所:中間(2004),p.9.

生活における矛盾や葛藤を解決することをめざす」ことであるとしている。これまでの家庭科教育における福祉教育実践について考えると,高齢者疑似体験により主にレベル1の手段的実践を経験的に学び,障害者との交流体験によりレベル2の相互作用的実践を行うが,それらは高齢者や障害者に対する共感的理解と支援への意識を高めることを目指すにとどまる。福祉教育でレベル3の社会システムを扱う場合,社会福祉制度の学習になりやすいが,一番ヶ瀬(1995)は,「社会福祉のみの教育は,制度のたんなる学習にとどまりやすく,生活者の側からの問題発見・問題認識とはなりがたい」としている。小川・長澤(2003)は,家庭科の指導における批判的思考は,自分自身を内省するプロセスを中核とし,生徒の自己開示や授業における問いのあり方が批判的思考の鍵となることを指摘している。

筆者は,高等学校家庭科に福祉学習が取り入れられた1994年から,知的障害者との交流体験学習を授業に取り入れ,知的障害者との交流体験学習は知的障害者への理解を深め,福祉意識の形成に効果的であることを明らかにしている(野中・中間,1999)。これは,表4-8の解決すべき生活問題のレベルでは,まさにレベル2の段階である。その後,知的障害者理解だけではなく,障害を自分のこととして捉えて課題解決を目指すことが重要だと考え,授業改善を試みた。2004年から知的障害者との交流体験学習に,さらにラベルトーク,KJ法などの参加型アクション志向学習を取り入れた授業実践を始め,レベル3の内省的実践・解放的行為を目指し,授業実践について報告している(野中,2006)。

参加型アクション志向学習は,学習者のアクティブ(活動的)な参加により,学習者を刺激し興味を引き起こし,主体的学習として導入が期待される。しか

しながら，学習方略の適切な選択として意図される学習成果に向かって学習者を動かさない限り適切とはいえず，指導者はそのアクティビティ（学習活動）が意図される学習成果の水準と内容に適合するかどうかを慎重に検討する必要がある（ヒッチ，ユアット，2005）。また，参加型アクション志向学習は，問題解決型の学習であり，学習成果の評価はオープン・エンド的アプローチが必要であり，結論よりも，どのように考え，どのように問題を解決したかというプロセスが重要とされている（中間，2006）のは前章でも示した通りである。

本研究では，福祉生活課題解決能力を育成するために参加型アクション志向学習を取り入れた授業実践について，学習過程における学習者の思考の変容プロセスを分析する。そして，導入したアクティビティが意図される学習成果の水準と内容に適合するかどうかを検討し，福祉生活課題解決能力を育成するための方策を提言することを目的とした。

2　導入した参加型アクション志向学習

授業実践で意図して取り入れた参加型アクション志向学習は，福祉学習実践当初から導入している地域実践（知的障害者との交流体験学習）に加えて，ラベルトークとKJ法である。ラベルトークは，ラベルにより学習者の内面の表出を図り，そのラベルによって，学習者自身が学習の一連のプロセスの中で，自らの変容をプロセス・チャートとしてたどることができる学習手法である（廣瀬他，2000）。ラベルトークにより授業過程で気持ちを書くことは，前述の批判的思考の鍵となる「生徒の自己開示」に役立つと考えられる。

KJ法（川喜田，1984）には，ラベル→グルーピング→表札作り→図解化（A型）→文章化（B型）の一連の作業があり，図解化してから文章化するものをKJ法AB型と呼ぶ。川喜田（1984）は，「KJ法AB型の実践に伴う一連の感情体験は，その形にみえる成果だけではなく，このような創造体験は，自分を創り変える力を持っている。しかし，感情的体験の面を客観的に調査するのは難しいが，このような側面をKJ法との関連で確かめることは，非常に価値ある課題であろう」としている。一般的には，KJ法は集団学習として班別学習で授業に取り入れる方法もあるが，一連の作業を集団で実施すると膨大な時間が

かかり，限られた授業時間内で学習成果を期待することが困難であると予想した。本授業実践では，障害を自分のこととして捉えて生活問題をみつけ，課題解決をすることを意図するために，KJ法AB型の一連の作業を一人で実施することによってより創造体験が深まり，自己変革へつながると考えた。しかしながら，自分の意見のラベルだけでは思考を深めるKJ法の作業はできないため，友達の意見のラベルを資料として提示し，さらに時間の節約として，グルーピングについては授業の流れにそって意図的に事前に枠を設けて，表札作り→図解化（A型）→文章化（B型）の作業を中心とした一人作業の変則的KJ法AB型を導入することとした。

参加型アクション志向学習は問題解決型の学習であることから，問題解決目標や表現目標が設定されるべきであり，前述の批判的思考の鍵である「授業の問いのあり方」が，意図される学習成果に向かって学習者を動かすかどうかを左右すると考えられる。そこで，本授業実践では，KJ法AB型の文章化の最終目標として，自分が障害を持って生活することを想定して「障害者福祉とはこういうことではないだろうか」というテーマを設定し，福祉問題を自分のこととして捉えることにより福祉生活課題解決能力を育成することを試みた。

3　授業実践

授業を実施した千葉商科大学付属高等学校は，知的障害者との交流体験学習を始めた1994年当初は男子校であったが，授業改善をして参加型アクション志向学習を取り入れた授業実践をした2004年から共学校となっている。1年生の「家庭総合」2単位の授業で実施し，知的障害者との交流体験学習については，学校から徒歩5分のところにある知的障害者通所授産施設を，1クラス（20～40名）を2班に分けて1年生全員が順番に授業時間に訪問している。

1994年から続いていた知的障害者との交流体験学習と社会福祉の授業に，ラベルトークを導入し，図4-1のように，授業の進行過程で生徒に①～④の4つのテーマで，34mm×79mmのラベルにそのときの気持ち・意見を書かせてその都度回収した。ラベル①［障害者に対する気持ち］については，社会福祉の授業の一番初めにまったく内容に触れない段階で書かせ，ラベル②［自

```
ラベル①　テーマ：　障害者に対する気持ち
　　　　　　　　⇓
講義学習：「障害」とは何か，社会福祉の理念（2時間）
　　　　　　　　⇓
ラベル②　テーマ：　自分が障害者になったら
　　　　　　　　⇓
体験学習：知的障害者授産施設での交流活動（1時間）
　　　　　　　　⇓
ラベル③　テーマ：　福祉施設体験学習を通して
　　　　　　　　⇓
講義学習：福祉のまちづくりの構造とボランティア活動（1時間）
　　　　　　　　⇓
ラベル④　テーマ：　地域福祉とボランティア活動
　　　　　　　　⇓
課題：「障害者福祉とはこういうことではないだろうか」
自分のラベル → 友達の意見 → 表札作り → 図解化 → 文章化（2時間）
```

図4-1　ラベルトークと授業の流れ（授業時間）

分が障害者になったら］は，障害や社会福祉の理念の学習直後に，これまでバリアフリーやノーマライゼーションを他人事として聞いていた生徒に，自分が交通事故で下半身不随になり脳障害を負ったことを想定してそのときの気持ちをラベルに書かせた。ラベル③［福祉施設体験学習を通して］は，知的障害者授産施設を訪問して交流体験学習後にラベルトークを書かせ，ラベル④［地域福祉とボランティア活動］は，ラベル②［自分が障害者になったら］を踏まえ，福祉のまちづくりの構造やボランティア活動の学習後に，最後のまとめとしてラベルトークを書かせた。ラベルトーク④まで完了した後，課題「障害者福祉とはこういうことではないだろうか」に2時間続きの授業で取り組ませた。

　課題授業プリントは，KJ法AB型に従って，両面印刷のB4用紙を用い，表面は授業の流れにそって①〜④のテーマごとにあらかじめグルーピングの枠で囲み，各テーマの枠の中に授業段階で記入した自分のラベルと，配布資料から選んだ友達の意見のラベルの計2枚を貼るようにした。4つの枠には，表札を書く欄を設け，図解化できるように枠と枠の間に空間を空けた。裏面には，上部3分の2に文章化スペース，下部3分の1には，図解化の枠と感想を記入

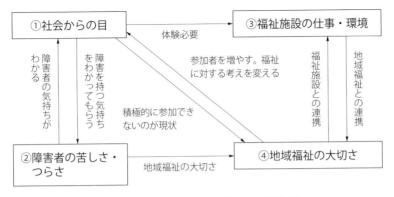

図4-2 テーマ①~④の表札と図解化の生徒による記入例

する欄を設けた。図4-2は，テーマ①~④の表札と図解化の生徒による記入例である。

友達の意見として配付した資料は，2004年の最初のクラス（35人）の生徒が自分の意見として書いたラベルトークのうち，代表的な意見を4つのテーマごとに12~14枚選んでプリントにしたものであり，全クラス同じ資料を用いた。授業では，自分のラベル①~④を貼った後，授業の最終課題である「障害者福祉とはこういうことではないだろうか」について文章化することを確認し，友達の意見を選択するときには最終課題を念頭において友達の意見を読んで，共感できる意見や新しい視点など，ぜひ使いたい意見を選択するように指導した。そして，自分のラベルと友達のラベルから表札作りをして，バラバラだった4つのテーマの関係性を考えながら図解化をさせた。さらに裏面の図解化の枠に4つのテーマの表札と関係性を再度記入して障害者福祉について気持ちの整理をさせてから，最終課題「障害者福祉とはこういうことではないだろうか」の文章化に取り組ませた。課題における学習活動の意図について，表4-9にまとめた。

4 分析方法

学習過程における学習者の思考の変容プロセスについては，参加型アクショ

表4-9 課題「障害者福祉とはこういうことではないだろうか」の学習活動と意図

学習活動	意　図
1. ラベルトークと友達の意見	
・自分の①～④のラベルをテーマごとに貼る ・友達の意見をテーマごとに1つ選び，ラベルに記入して貼る	・自らの思考の変容をプロセスチャートとしてたどる ・友達の意見を知り，いろいろな考え方があることを共有する
2. 表札作り	
・①～④のテーマごとに自分のラベルと友達の意見から表札を作る	・テーマごとに頭を整理し，わかったこと，考えたことが表現できる
3. 図解化	
・①～④のテーマの関係性を図解化し，それぞれの関係に矢印とコメントをつける	・断片的だった4つのテーマを結びつけることができる ・②「自分が障害者になったら」と他の3つのテーマとの関わりを考える
4. 文章化	
・図解化に基づいて，課題「障害者福祉とはこういうことではないだろうか」を具体的に文章化する	・自分が障害を持ち生活していく上で，福祉（幸せ）とはどういうことか，自分のこととして捉えて，課題解決を導き出す

ン志向学習を取り入れた授業を実施した2004年から2006年の全15クラス生徒469名分の課題プリントを分析した。分析内容は，①ラベルトークと友達の意見，②文章化の結論「障害者福祉とは」，③学習過程における思考の変容である。

（1）ラベルトークと友達の意見

　4つのテーマごとに自分で書いたラベルトークが，課題で選んだ友達の意見によりどのように変化したかを分析するため，全クラスに同じ資料を用いた友達の意見をもとに，4つのテーマごとにいくつかの分類項目を設定した。テーマ①とテーマ③の分類項目については，第3章第1節で示した授業における知的障害者理解，知的障害者との交流体験学習の感想の分析から導き出した分類項目をもとに作成した。

　テーマ①［障害者に対する気持ち］は「感銘的」「同情的」「無関心，こわい」

「差別・偏見」，テーマ③［福祉施設体験学習を通して］は「障害者理解」「自分の人権意識の自覚」「障害者への人権意識」「福祉施設について」「体験学習の意義」という分類項目を設定した。テーマ②とテーマ④の分類項目は，授業内容や友達の意見の記載内容に従って作成し，テーマ②［自分が障害者になったら］は「悲観的」「身体的バリア，家族のケア」「心的バリア」「自分でやりたい，頑張る」「今と同じ暮らし」，テーマ④［地域福祉とボランティア活動］は「地域での助け合い」「ボランティアの必要性」「ボランティアに参加したい」「社会制度，行政」「現実の困難性」という分類項目を設定した。

　自分のラベルの分類については，469人のラベルトークを4つのテーマごとに上記の分類項目で分類した。なるべく1人のラベルを1つの分類項目に分類したが，内容的に1つの項目に絞れない場合は複数の分類項目に分類したため，延べ数は469よりも多くなっている。友達の意見については，1つの文中に複数の分類項目の内容がある場合は，主な内容で分類し，複数の分類項目には分類していない。課題で選んだ友達の意見については，1人が1つの意見を選んでいるため，合計は469である。ラベルトークと課題で選んだ友達の意見の比較から，障害者福祉を考える上での新しい視点や共感として，友達の意見がどのように作用したかを検討した。

(2) 文章化の結論「障害者福祉とは」

　授業実践の最終課題「障害者福祉とはこういうことではないだろうか」については，文章化する上で，最終段落に「障害者福祉とはこういうことである」ということを書くように生徒に指示した。469人の文章には，多くの内容が書かれているが，最終段落に書かれた結論「障害者福祉とはこういうことである」の内容のみを抽出して，解決すべき生活問題のレベルや授業目標の水準に適合しているかを分析した。

(3) 学習過程における思考の変容

　学習過程において，アクティビティ（学習活動）が学習者にどのような思考の変容を与えたかを分析するため，課題プリントの最後の自由記述「課題の感想」を分析した。感想記入欄が小さかったため未記入者が6人いた。具体的に

学習過程を挙げて思考の変容について記載した者が157人，学習過程を挙げずに全体での変容や授業の意義等を書いている者が306人いた。「課題の感想」に表れた学習過程における思考の変容から，生徒の思考の変容プロセスを考察し，アクティビティが意図される学習成果水準と内容に適合するかを検討した。

5 結果および考察

(1) ラベルトークと友達の意見

469人のラベルトークを4つのテーマごとにそれぞれの分類項目で分類した結果を表4-10～表4-13に示す。授業の初めに書いたテーマ①［障害者に対する気持ち］では，「同情的」が56.3％と最も多く，次に「無関心，こわい」

表4-10 テーマ①［障害者に対する気持ち］のラベルトーク（n=469）

（複数分類あり）

分類項目	人	%
感銘的	61	13.0
同情的	264	56.3
無関心，こわい	125	26.7
差別・偏見	62	13.2

表4-11 テーマ②［自分が障害者になったら］のラベルトーク（n=469）

（複数分類あり）

分類項目	人	%
悲観的	197	42.0
身体的バリア，家族ケア	161	34.3
心的バリア	44	9.4
自分でやりたい，頑張る	129	27.5
今と同じ暮らし	27	5.8

表4-12 テーマ③［福祉施設体験学習を通して］のラベルトーク（n=469）

（複数分類あり）

分類項目	人	%
障害者理解	374	79.7
自分の人権意識の自覚	20	4.3
障害者への人権意識	27	5.8
福祉施設について	98	20.9
体験学習の意義	48	10.2

表4-13 テーマ④［地域福祉とボランティア活動］のラベルトーク（n=469）

（複数分類あり）

分類項目	人	%
地域での助け合い	112	23.9
ボランティアの必要性	213	45.4
ボランティアに参加したい	83	17.7
社会制度，行政	52	11.1
現実の困難性	43	9.2

が26.7%で多かった。それにともない，テーマ②［自分が障害者になったら］でも，「悲観的」が42.0%と最も多くなっていた。テーマ③［福祉施設体験学習を通して］では，「障害者理解」が79.7%で圧倒的に多い。ほとんどの生徒が初めての体験であり，体験の中で感じた熱心に仕事をしている障害者への敬意を率直に書いていた。テーマ④［地域福祉とボランティア活動］では，福祉施設を訪問し，ボランティア活動について学習した後であることから，「ボランティアの必要性」が45.4%で最も多くなっていた。

次に，469人が4つのテーマごとに課題で選んだ友達の意見を表4-14～表4-17に示す。テーマごとに，自分の意見である表4-10～表4-13で示したラベルトークと選んだ友達の意見を比較する。まずテーマ①［障害者に対する気持ち］において，ラベルトークで「差別・偏見」について書いていたのは62人であったが，友達の意見としては180人が「差別・偏見」を選び，分類項目の中で38.4%と最も多くなっていた。「共生社会」の実現に向けて障害者に対する「無関心，こわい」という思考が多くの生徒にあることは課題であると考え，授業の初めに「無関心，こわい」といった内容を記載していた125人が，友達の意見でどれを選んでいるかを分析した。その結果，表4-18の通り，友達の意見でも「無関心，こわい」を選んでいるのは24.0%で，4人に3人は「無関心，こわい」以外の項目の意見を選んでおり，思考の変容がうかがえる。

テーマ②［自分が障害者になったら］では，ラベルトークの時点で「心的バリア」を書いていたのは44人に過ぎないが，課題で選んだ友達の意見では，「心的バリア」を143人が選び，分類項目の中で30.5%と最も多くなっていた。また，「共生社会」の実現に向けて，障害を持ったら生きていけないといった「悲観的」な思考のままでは課題解決は難しいため，ラベルトークで「悲観的」だった197人が友達の意見でどれを選んでいるかを分析した。その結果，表4-19の通り，初め悲観的だった197人のうち友達の意見でも「悲観的」を選んでいるのは31.5%で，約7割の生徒が違う意見を選んでおり，思考の変容がうかがえる。

テーマ③［福祉施設体験学習を通して］では，「自分の人権意識の自覚」がラベルトークの段階では20人と少なかったが，選んだ友達の意見では77人が新しい視点として選択していた。

表 4-14　テーマ① [障害者に対する気持ち] で選んだ友達の意見

内容項目	友達の意見	選択人数	合計[%]
感銘的	障害者を見ると，かわいそうというより頑張って生きているなあと思う。手助けしたいと思う。	58	70 [14.9]
	中学生になる前ぐらいは，見るだけでイライラしていた。しかし，段々と年齢が上がるにつれて，障害者自身が頑張って生きているんだと思うようになった。	12	
同情的	普通の人たちと一緒に生活できないから，ちょっとかわいそうだと思う。	68	149 [31.8]
	障害者とは，自分だけでは何もできず，他の人々に頼って生きていかなくてはいけない人達。	17	
	障害者の人は，自分が悪くないのに発達障害になったり素直にかわいそうだと思う。	24	
	見ていておかしいなあって思うけど，もし自分が同じ立場なら，困った時に助けてもらいたいと思う。	19	
	自分達とは少し違う人々だと感じている。自分ができることがなぜ障害者はできないのかと思ったこともある。同情の目で見てしまう。	21	
無関心こわい	あまり障害者と交流する機会がないからよくわからない。知的障害者とかちょっとこわいときがある。	9	70 [14.9]
	障害者に対する気持ちは，何か近寄りがたい感じで自分と何か違って少し軽蔑してしまうかもしれない。	21	
	あまり障害者とは接した事がなかったから，少し苦手かもしれない。	26	
	はっきり言って迷惑だと思う。何かやってしまうのはわかるけどもう少し抑えてほしい。	14	
差別・偏見	かわいそうだなと思う。他人からは避けられたり，障害者だというだけで差別を受けたりしているから。それに白い目で見られている気がするから。	21	180 [38.4]
	"障害者だから"という考え自体が差別だと思う。変に親切にし過ぎてもよけいなおせっかいに感じるかもしれないし，それこそ差別だと思う。平等に接することが大切だと思う。	105	
	障害者は，結構迷惑がかかるけど，本人は何も悪くないし，生まれつきなので仕方がない。差別してはいけないと思う。	54	
合計		469	469

表 4-15　テーマ② ［自分が障害者になったら］で選んだ友達の意見

内容項目	友達の意見	選択人数	合計 [%]
悲観的	この世の中じゃすごく不便だと思う。家族がいる時はいいけど，いなくなったら生きていけない。	45	123 [26.2]
	今の体から障害者になったらたぶん生きていけないと思う。死ぬのはこわいからひきこもりになると思う。	10	
	他人に迷惑がかかるし，仕事もできなくなり，生きていく自信がなくなると思う。そうなったら自殺したくなるかもしれない。	13	
	正直な意見は「嫌だ」と思う。自分が障害者だということを認めたくないと思う。	55	
身体的バリア，家族ケア	障害の程度にもよると思われるが，ショックを受けたり，自暴自棄になったりすると思われる。また，家族に大変迷惑になると思われる。	23	68 [14.5]
	自分が障害者になったら，今の社会だとすごく苦労すると思う。人の助けが必要だと思う。	45	
心的バリア	もし自分が障害者になったら，生活の不便さとかではなく，周りの目が変わったり，同情されるのが怖く感じます。	88	143 [30.5]
	とても暮らしにくい社会なのではないかと思う。差別や偏見がとても多いので，障害があるというだけで身内しか相手をしてくれないような社会なのではないかと思うので，世話をしてもらうだけでも一苦労だと思う。	17	
	自分が障害者になったら，たぶんすごく悲しくなると思う。自分がしたいことができなくて，他の人々から偏見の目で見られるのはとても悲しい……。いろいろなことで苦しむと思う。	38	
自分でやりたい，頑張る	多分，誰かに助けを求めなければ生きていけないと思う。助けてはもらいたいが全て助けてもらうのではなく，自分でできることは自分でやりたいと思う。	70	115 [24.5]
	一言でいったらつらいと思う。まず自分の気持ちに整理をつけてから，自分のできる事，助けてもらわないとできない事をはじないようになれたらいいと思う。	32	
	もし自分が障害者になったらショックだし，とても悲しくなると思う。しかし，自分のまわりには色々な友達がいるので頑張っていけると思う。	13	
今と同じ暮らし	もし障害者になってしまったら，前がなにも見えなくなりそうで怖いです。今と同じように過ごしたい。	20	20 [4.3]
合計		469	469

表 4-16　テーマ③［福祉施設体験学習を通して］で選んだ友達の意見

内容項目	友達の意見	選択人数	合計[%]
障害者理解	障害者はかわいそうだとか思っていたが，実際自分の考えで行動するし，作業もできるので，まったくそんな考えがなくなった。けっこう大変な作業をしていたので驚いた。	48	203 [43.3]
	障害者の人でもちゃんと仕事を覚えて，社会のために働いているのはすごいと思った。	115	
	初めて障害者の福祉施設に行った。障害者が働いていることに驚いた。障害者が自立のために頑張っていることに感動した。	20	
	こんなに間近で知的障害者と話す事がなかったので，すごく驚いた。仕事に真面目に取り組む姿を見て感動した。	20	
自分の人権意識の自覚	どんなに障害があっても一生懸命仕事をしていて素直に尊敬した。私ができない事もこなしていて本当にすごいと思った。自分が障害者になってもできることがあって希望が見えた。	30	77 [16.4]
	障害者なのにあんなに頑張っていて，自分達は障害者じゃないのに頑張っていないなんていけないと思った。	47	
障害者への人権意識	福祉施設に通っている人は，自分が悪い事をしたわけでもないのに知的障害者になって普通の人と接することがあまりないように隔離されていて，あまりおもしろくないと思う。	10	37 [7.9]
	障害者になっても，内職のようなことをして，頑張っている人達を見て，彼らもこの社会に生きていると思いました。	27	
福祉施設について	あれだけ細かい作業をして働いているのに月に3000円程度しか貰えないのは少しおかしいと思う。それでも一生懸命頑張っているのでえらいと思った。	49	95 [20.3]
	福祉施設に行って，知的障害を持っている人も立派に仕事をしていてすごいと思った。少しでもそういった人達の暮らしやすい環境になればよいと思う。	46	
体験学習の意義	福祉施設に行ってみて，ハンデがあっても自分達で仕事をして頑張っている人達を見て，福祉についてもっとよく関心を持とうと思った。	25	57 [12.2]
	みんな頑張って仕事などをしていて，みんながいきいきしているのが印象的だった。福祉施設に行ったことがなかったのでよくわかった。	32	
合　計		469	469

表 4-17 テーマ④［地域福祉とボランティア活動］で選んだ友達の意見

内容項目	友達の意見	選択人数	合計[%]
地域での助け合い	地域福祉とボランティアがそれぞれ別なものではなくて，一緒にささえるような社会にしたい。	40	211 [45.0]
	みんなが連携してお互いを助け合ったりできていい事だと思う。よい社会ができると思う。	33	
	私が地域福祉とボランティアについて考えることは，もっと全員が理解を深めて改善をどんどんしていくべきだと思う。	16	
	障害者は一人じゃ生活できない人もいるから周りの人がたくさん協力していかないといけないと思う。自分が障害者になったときのことを考えてみるといいと思う。	25	
	地域で支え合い，みんながよりよい社会をつくれば，みんなが自由に生活できると思う。	97	
ボランティアの必要性	障害者一人に対しても，個人や家族では補助しきれない事もあると思うので，必要だと思う。また，日常の場にボランティアに参加している人がいれば，障害者の行動の幅が広がると思う。	24	83 [17.7]
	ボランティア活動などをする場をもう少し増やしていった方がいいと思う。	59	
ボランティアに参加したい	最初は自分には関係ないと思っていたが，自分がなったことを考えたらと思うと，障害者のためにボランティアなどをしてあげたいと思いました。	31	37 [7.9]
	今まで私は，いろいろなボランティアに参加してきて，やっぱり学ぶことは多かったので，これからも積極的に参加したいと思う。	6	
社会制度，行政	地域全体で福祉のことを考える必要があると思うし，そのためにはボランティアがどうしても必要になるのだと思う。施設も必要だけど，施設だけに任せるのはよくないと思う。	31	56 [11.9]
	地域福祉とボランティアについて，ボランティアをするとお互いにいろいろ学び合えるから，もっともっと広まれば社会の援助になると思う。	25	
現実の困難性	ボランティアはいいことだと思うけど，ボランティアだけでは生活していけない。だから，金と時間がやるものだと思う。	11	82 [17.5]
	両方とも大切だと分かっていても，みんななかなか積極的には取り組めないのが現状だと思う。	71	
合　計		469	469

表4-18 ラベル①「無関心」125人が選んだ友達の意見

項　目	選択人数	%
感銘的	17	13.6
同情的	41	32.8
無関心，こわい，嫌	30	24.0
差別・偏見	37	29.6
合　計	125	100.0

表4-19 ラベル②「悲観的」197人が選んだ友達の意見

項　目	選択人数	%
悲観的	62	31.5
身体的バリア，家族ケア	30	15.2
心的バリア	66	33.5
自分でやりたい，頑張る	30	15.2
今と同じ暮らし	9	4.6
合　計	197	100.0

　テーマ④［地域福祉とボランティア活動］では，ラベルトークでは「ボランティアの必要性」が45.4%で最も多かったが，課題で選んだ友達の意見では「地域での助け合い」が45.0%で最も多くなっていた。課題で友達の意見を選んだ段階では，広い視点で「地域での助け合い」を考えるようになったことが示唆されるが，一方で「現実の困難性」が，ラベルトーク43人から友達の意見では82人へと上昇しており，理想と現実社会の厳しさを感じ取っていることがわかる。

(2) 文章化の結論「障害者福祉とは」

　課題「障害者福祉とはこういうことではないだろうか」の文章化の最終段落に書かれた結論「障害者福祉とは」を分析した結果を表4-20に示した。
　障害を持って生活していくことを考えながら，生徒たちが障害者福祉の結論として最も大事なこととして挙げたことは，「差別・偏見をなくす」が77人で最も多く，「人権意識」「一人一人の意識改革」といった心のバリアに関するこ

表 4-20 課題「障害者福祉とはこういうことではないだろうか」の文章化の結論

内容項目	人数 [％]	記入例
差別・偏見をなくす	77 [16.4]	障害者に対する偏見をなくすことが一番。社会全体の目が障害を受け入れられるようになったらそこからが始まりだと思う。 誰もが障害者に対して関心を持ち、偏見の目をなくすことが、障害者福祉の第一歩。
人権意識	13 [2.8]	障害者が健常者に追いつくことではなく、同じ人間として一人一人の幸せがある。
一人一人の意識改革	13 [2.8]	「関係ない」と思っている一人一人の気持ちを変えていき、普通に接して行けるようになること。
みんなで助け合う	26 [5.5]	ボランティアだけでなく、手を貸してくれる人が増えて、みんなで障害者を手助けすること。
共生	26 [5.5]	人が生きていく限り障害は一生ついてくるものだから、もっと障害者と一緒に共存すべき。 人と人との関係ができるシステム。障害者福祉は社会の一部だと思うので、みんなが関わらなくてはいけない。
ボランティア活動の必要性	45 [9.6]	みんなが強制されずに進んでボランティアをしてくれれば、障害者の人も助けを求めやすくなるし、生活もしやすくなる。
地域福祉	35 [7.5]	地域で障害者を助けたり、地域の人と協力して信頼関係をつくること。 一人一人の障害者を自治体、そして地域が密接に関わり、私生活でも可能な限りのバックアップをすること。
障害者を理解すること	28 [6.0]	障害者を知り理解することが、僕達が始める最初の障害者福祉。 みんなが障害者を理解し、同情するのではなく、その人のためになるように行動する。
障害者の立場になること	27 [5.8]	自分と障害者の立場を逆にして考える。わかってあげられる人がたくさんいれば暮らしやすい社会になる。 もし自分が障害者だったらということを考えて、地域の人達が接する。
交流すること	19 [4.1]	お互いの壁をなくすために交流などをしていき、互いに関心を深めていくことが大切。 皆で支え合い、助け合うことで交流が深まる。コミュニケーションが大事。
普通の生活ができること	35 [7.5]	「普通の生活」それは、皆に世話になって幸せにくらすことではなく、皆と一緒に努力して正当な評価を受けることだと思う。 普通の人の当たり前の暮らしができること。
障害者の自立, 仕事, 生きがい	26 [5.5]	ハンデを補いながら仕事の中で生きがいを見つけられること。 障害者にも生きがいがある。何かに集中しながら生活の安定を求めること。
福祉施設の充実	13 [2.8]	仕事ができるような福祉施設を充実させること。 地域に福祉施設を作って、近所の人が助け合う。
社会参加できること	21 [4.5]	障害者が社会へ出ることへの関心を持ち、それ以外の人は社会へ受け入れる体制を整え、精神面での援助をすることが大切。
安心できる環境づくり	13 [2.8]	障害者とその家族が安心して暮らせる環境をつくること。
できることは自分でやる	17 [3.6]	自分が助けてもらうだけではなく、自分にもできることがあるということ。
障害を受け入れられる世の中	5 [1.1]	生きるための勇気を持てること。障害者が障害を受け入れ、楽しく生活していくことができる世の中。
学ぶことが大事, 教育	30 [6.4]	「福祉」はまず人々が学ぶことから始まる。今回の授業を他の学校や小・中学校でも行うべきだと思う。 学校の授業などで障害者との交流する機会をふやす。体験しないとわからないことがたくさんあった。体験してみんなで理解を深める。
合 計	469 [100.0]	

とを合わせると22.0%を占めている。これらは，解決すべき生活問題のレベル3の批判的思考による内省的実践にあたると考える。そして，障害者福祉を地域社会の問題と捉えて「みんなで助け合う」「共生」「ボランティア活動の必要性」「地域福祉」でまとめられているものも合わせて28.1％と多かった。これらは，社会システムにおける批判的思考による解放的行為を表現していると考える。

　また，「障害者を理解すること」「障害者の立場になること」「交流すること」の重要性が挙げられているが，授業で知的障害者との交流体験学習を通して障害者への理解が深められ，［自分が障害者になったら］のテーマで考えたことが，こうした認識につながったと考えられる。今回訪問した福祉施設が授産施設であったこともあり，自分が障害者になった場合には生きていく上で「障害者の自立・仕事・生きがい」「普通の暮らしができること」が大切であるとの気付きもあった。さらに，障害者の立場に立って，「社会参加できること」「安心できる環境づくり」「できることは自分でやる」「障害を受け入れられる世の中」でまとめられているものもあった。これらは，本授業実践で最も意図した学習者が福祉問題を自分のこととして捉えて課題解決ができていることの証左であると考える。その他，自分がこの授業で変わったことを受けて，障害者福祉は「学ぶことが大事，教育」が必要であることを6.4%が挙げていた。

(3) 学習過程における思考の変容

　学習過程における思考の変容について，469人の「課題の感想」を分析した結果を表4-21にまとめた。具体的に学習過程を挙げずに感想を書いている者が306人と多いが，学習過程を挙げている157人のうち，94人が「施設体験学習」での思考の変容を挙げていた。実際に福祉施設を訪問して知的障害者との交流体験をすることは，福祉施設を知り，障害者を理解する上で効果的で，講義だけでは決して得ることができないほど印象深く受け止められている。また，「自分が障害者になったら」を18人が挙げており，「自分が障害者になったら」を想定することで，初めて障害を自分のこととして捉えられ，そのことが思考の変容に効果的に作用して，その後の授業で福祉問題への課題解決を真剣に考えることに役立っている。

表4-21 学習過程における思考の変容

学習過程	人	思考の変容
障害者になったら	18	自分の立場で考えてみると,今まで自分が障害者の人達をこわい,かわいそうと思っていたことは,全て差別だったんだと気付いた。
		障害者に対する気持ちなんてまともに考えたことなかったし,仮に障害者になったらなんて考えたことなかったから,自分のこのテーマに対する気持ちを整理できていい機会だったと思う。
施設体験学習	94	福祉施設に行ってみて,障害者の人達も僕らと何一つ変わらず,生きていくために働いて生活をしているんだなと思った。
		福祉施設に行って,行く前と行った後では障害者に対する考えが変わった。やっぱり障害者に対して理解することが大切だなと思った。
ラベルトーク	3	一つ一つ小さなテーマから考えていけば,初めは全然思いつかなかったような事でもわかる事ができるんだと思いました。
友達の意見	4	テーマが少し難しく何から追及していけばよいのか戸惑ったが,「自分の意見」と「友達の意見」を一つずつ整理していったら答えがでた。
		「友達の意見」で自分の障害者に対する気持ちが変化した。
表札作り	1	一つ一つに大まかなタイトルをつけることによって,他人にもわかってもらうと同時に自分自身もよくわかった。
図解化	5	図解化がごちゃごちゃになったが,新しい考えが見つかったし,自分の気持ちが整理できた。
		図解化してみると,障害者はこう思っているのかな?とか,自分は今①～④のどの立場にいるんだろうなど,障害のことについて知ることができたと思う。
文章化	32	自分の考えを文章にまとめてみて,初めて自分達がやらなくちゃいけないことが分かったと思うので,とてもためになった。
		障害者福祉をまとめてみて,自分の障害者に対する気持ちがはっきり言えた。そして,今後の障害者に対する気持ちをどう変えていけばよいかがわかった。
全体での変容	57	この学習を通して,最初は悪い考えを持っていた自分がここまで変われた自分にびっくりしている。また,このような勉強をしたいと思っている。
		今まで障害者に対して偏見を持っていたけど,この授業を通して障害者に対する気持ちも変わり,障害者の人達も一生懸命働いていることがわかり,とっても心が動かされた印象深い授業でした。
授業の意義	139	普段の生活で障害者についてあまり考えることがなかったが,いろいろわかったし,これからに生かせると思う。
		今回こういう勉強ができて考え方が変わり,自分の生き方も変わると思いました。今回の勉強はとてもためになり良かったです。
行動・社会	110	これを機に考えをまったく変えて,障害者に対して差別しないで接したいと思った。
		自分も社会の中で生きる一人として,障害者の人たちが住みやすい環境を創りたいと思う。
未記入	6	
合　計	469	

しかしながら，障害者理解だけでなく，「共生社会」に向けて，解決すべき生活問題のレベル３の内省的実践・解放の行為を目指すためには，さらなる思考の変容が必要である。課題「障害者福祉とはこういうものではないだろうか」について，KJ法AB型のアクティビティの項目を具体的に挙げている人数は少ないが，記入内容から学習者の思考の変容プロセスが推察できる。「ラベルトーク」と「友達の意見」では，自分のラベルトークを振り返りながら友達の意見を選ぶことによって，新たな考え方ができるようになり思考の変容につながっている。そして，「表札作り」と「図解化」によって問題解決に向けて自分の気持ちが整理でき，さらに「文章化」することによって障害者福祉で「自分のすべきことがはっきりわかった」と解放的行為への意欲が示され，一連の創造体験によって自己変革している様子がわかる。

　学習過程を挙げていない感想では，福祉授業全体を通しての「授業の意義」を書いている者が139人と多かった。また，「全体での変容」として，授業を通してどう変わったかを書いている者が57人いた。「ラベルトーク」で自分の思考の変容をプロセス・チャートとしてたどっていることもあり，どれだけ自分が変わったかを自分で確認している。そして，今後の「行動や社会」について110人が具体的に自分や社会がどうすべきかを書いていた。

　以上の結果から，学習過程の一つ一つのアクティビティが，授業の最終目標である内省的実践・解放的行為に向けて，思考の変容に働きかけていることが推察できた。

6　要約

　参加型アクション志向学習を取り入れた授業実践を分析した結果，学習者が福祉問題を自分のこととして捉えて，課題をみつけて，福祉生活課題解決能力を育成するために，思考の変容に作用するものとして３点が挙げられる。

1) 知的障害者との交流体験学習は，障害者理解に効果的で，思考の変容に最も大きな影響がある。
2) 「自分が障害者になったら」を想定することは，障害者福祉を自分のこと

として捉えることに役立ち，福祉生活課題解決を真剣に考える上で効果的である。

3) ラベルトークは生徒の自己開示に役立ち，KJ法AB型の一連の作業による創造体験は自己変革を促し，障害者理解から内省的実践・解放的行為に向けて，学習者の思考の変容に効果的に作用する。

　以上の結果から，福祉生活課題解決能力の育成のために導入したアクティビティは，教師側が意図する一応の目標水準に適合し，参加型アクション志向学習は，内省的実践・解放的行為に効果的に作用することが明らかとなった。しかしながら，授業内容が深まって真剣に考えれば考えるほど，理想に対する現実社会の困難性を感じ取っている生徒もいた。批判的思考により自分の内省的実践・解放的行為につなげることが目標であるが，障害者を理解し，福祉生活課題における社会システムの矛盾や葛藤を感じることも，将来の「共生社会」を担う若者にとって重要なことと考える。

　これからの「共生社会」に向けて，学校における福祉教育は大きな役割を占めている。小学校・中学校の総合学習等で福祉教育を取り入れている学校もあるが，高校の家庭科は必修科目であり，福祉を扱う教科としてその責任は大きい。現在の限られた家庭科の授業時間で福祉教育に力を入れることは困難であるが，福祉教育における家庭科の位置づけを改めて問い直し，福祉教育実践が多くの学校で定着していくことを期待したい。

第3節　生活課題解決能力を育成する授業デザインと授業評価・改善モデルによるアクション・リサーチ
―― アクティビティを中心に捉えたアクション・リサーチにおける授業改善の効果

1　目的

　日本では少子高齢化が進み，2014年には高齢者割合が26.1％に達している。国立社会保障・人口問題研究所による「日本の将来推計人口」では，2050年には高齢者割合が38.8％に達することが予想されており，今後ますます高齢者の介護は深刻な社会問題となることが懸念されている。すでに，増大する高齢者医療費への対策として，2000年には介護保険制度がスタートし，在宅介護のための福祉サービスが始まり，高齢者福祉は施設福祉から在宅福祉へとシフトしている。それをうけて高校家庭科では，1999年の学習指導要領の改訂において，それまでの「高齢者の福祉」の内容項目に「高齢者の介護の基礎」として日常生活での介助実習が入り，在宅福祉に対応した教育が求められている（文部省，2000）。家庭科では，介護保険制度を知るだけでなく，実際の生活において活用できる実践力を育成する必要があり，深刻な高齢者介護問題を解決するため，福祉生活課題解決能力の育成は特に重要といえる。

　生活課題解決能力を育成するためには，様々な参加型のアクティビティを導入して問題解決的な学習にしなければならない。生活課題解決能力を育成する授業デザインについては，図1-3で示したように，「①授業に対する思い：どんな生活課題を解決するのか」「②授業の発想：学習者や生活課題に適した題材を選定する」「③授業の構成：学習者が自分のこととして捉えて問題解決する授業展開を考える」「④授業で用いる教材の開発：実感を伴うようなアクティビティを取り入れる」「⑤日常生活での問題意識：学習者の理解と学習者に関わる生活課題の理解を大切にする」の5つの構成要素から成り立っている。新学習指導要領ではアクティブ・ラーニングの視点による授業改善が求められ

ていることから，今後，アクティビティを中心に捉えた授業研究を進めていく必要がある。

　吉崎（2012a）は，教育工学的アプローチによる授業研究の特徴として，「システムズ・アプローチやアクション・リサーチなどの方法をとりながら，授業を多様な構成要素からなる一つのシステムとみなして，PDCAのサイクルを通して授業改善を行うことにある」としている。アクション・リサーチには学校内で共同研究する方法もあるが，前述の通り，家庭科では多くの学校で家庭科教員が1人であることから，授業者が一人でも実践できるアクション・リサーチが必要と考える。吉崎（2016）は，授業研究方法の特徴として，一人称，二人称，三人称としての授業研究があるとし，授業実践者と研究者が共同で授業を改善する二人称の授業研究は，一人称（授業者のみ）よりも客観性が高まり，三人称（第三者の立場のみ）に比べて当事者性があり，当事者性と客観性のバランスがほどほどにとれていることを特徴として挙げている。

　そこで，本研究では，「アクティビティを中心に捉えたアクション・リサーチモデル」における授業改善の効果を検証するため，二人称の授業研究において，あえて高校教員の授業者が授業改善に一人で取り組み，大学教員（筆者）が授業観察をして検証することにした。高校家庭科における高齢者介護についての福祉生活課題解決能力を育成するために，ロールプレイのアクティビティを導入して，高校教員である授業者が授業を設計して実践し，授業者が自ら授業を省察して授業改善をする。このアクション・リサーチにおける授業改善の効果を検証する。

2　アクティビティを中心に捉えたアクション・リサーチ

　図4-3は，アクティビティを中心に捉えたアクション・リサーチモデルを示している。授業計画では，まず学習目標があり，学習目標を達成するためにアクティビティを開発する。開発にあたっては，「(1)学習活動の内容が意図される学習目標の内容に適合しているか（活動内容の適合度）」「(2)学習活動の困難水準が，学習者にとって適切か（活動の困難水準）」「(3)学習活動を通して，意図される学習目標の水準に達するか（学習目標への到達度）」の3つの視点で

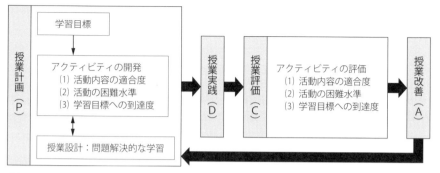

図 4-3 アクティビティを中心に捉えたアクション・リサーチ

検討する。生活課題解決能力を育成するためのアクティビティでは，アクティビティの内容が学習目標に適した生活問題であること，困難水準では学習者にとって適切であり，簡単に解決できず思考力を働かせるような条件設定があることによって解決するための判断力や意思決定能力が養われる。授業設計では，アクティビティを導入して問題解決的な学習となるように授業を設計して学習目標の達成を目指す。そして，授業実践し，その後の授業評価では，導入したアクティビティが効果的だったかを，上記の3つの視点から評価して問題点をみつけ，授業改善をしていく。

3　方法

　研究対象の授業に導入したアクティビティは2014年，愛媛大学大学院のフィールド演習で，高校家庭科の「高齢者福祉」の授業を想定して，図4-3で示したアクティビティの開発の3つの視点に基づいて，高校教員の授業者と大学教員（筆者）が共同で開発した。授業の題材は高齢者福祉で，介護保険制度を生活において活用できる実践力を育成するために，ロールプレイのアクティビティを導入した。ロールプレイでは，学習内容に応じた場面設定を行い，学習者が役割を分担して演技することにより，様々な立場の人の意見や考えを理解し，多様な視点を育てることができる（廣瀬他，2000）。表4-22は，開発したロールプレイにおける「えひめ家」の家族構成と問題解決すべき課題である

表4-22 えひめ家の家族構成と祖母（要介護3）の1日の介護計画

えひめ家の家族構成，状況	祖母（71歳）：要介護3，日常動作に介助必要，食事は軟食。話をしたり，出かけたりしたい
	祖父（73歳）：ひざ痛い。5年間祖母を介護。体力がなくなって介護するのが不安
	父（46歳）：会社員。8時〜18時は仕事で不在。忙しくなると家にいられない
	母（46歳）：会社員。8時〜19時は仕事で不在。残業多く，遅くなることもある
	子ども（17歳）：高校生，受験生。勉強に集中したい
祖母の介護計画	○排泄日中7回，夜間2回　○入浴1回　○着替え・洗面　○食事3回（調理，介助）
支給限度額	要介護3：1ヵ月27万円⇒1日9000円の介護給付（1割自己負担）　限度額を超えた場合，全額自己負担
サービスの種類	Type1：デイサービス（9時〜15時 8000円） Type2：身体介護（1時間 4000円） Type3：夜間対応型排泄の訪問介護（1時間 3800円） Type4：介護給付以外の民間サービス（1時間 2500円）…全額自己負担
問題解決すべき課題	1日の祖母の介護計画について，それぞれの介護をどうするのか計画を立てる（家族の誰が行うのか，または，どのサービスを利用するのか）。そして，1日分の介護計画で必要な経費を計算する

「1日の介護計画」をまとめたものである。授業では，1班5人グループで，5人家族のそれぞれの役割になりきって相談しながら，要介護3の祖母の1日の介護計画を立てる。

　本研究においては，「アクティビティを中心に捉えたアクション・リサーチモデル」における授業改善の効果を検証するため，愛媛県立西条高等学校1年生の家庭科授業で，共同開発したアクティビティを導入した。高校教員の授業者が授業設計をして，1回目の授業を2015年9月15日に実践し，授業後に授業者が一人で省察して，アクティビティの3つの視点で授業評価を行った。具体的には，「(1)活動内容の適合度」「(2)活動の困難水準」「(3)学習目標への到達度」について，A4用紙1枚を3段に区切り，授業者が自由記述で評価を記入した。その評価を基に，授業者が一人で授業を改善して，9月28日に2回目として改善した授業を別のクラスで実践し，授業後に同様にアクティビティの3つの視点で授業評価を行った。

授業分析にあたっては，授業を撮影したビデオ，授業者の授業評価，生徒のワークシート，生徒の自己評価を用いて，授業改善の効果を検証した。具体的には，授業改善については，授業者の1回目と2回目の授業評価，すなわちアクティビティの3つの視点で評価した自由記述の内容と，1回目と2回目の授業を参観した大学教員が確認できた授業改善の箇所を照らし合わせて，授業者の授業評価の妥当性や授業改善の効果を検証した。生徒のワークシートについては，グループでの「1日の介護計画」の解決結果，授業の感想（自由記述）を分析して，学習目標への到達度を検討した。生徒に対しては，本授業実践では家族の当事者となって高齢者介護を想像体験して問題解決することが課題となるため，授業終了時に生徒が，「①役になりきって気持ちを伝えることができた」「②家族の生活や気持ちを考えて介護計画を立てることができた」「③高齢者介護の課題がわかった」「④介護保険の仕組みがわかった」の4項目について，「A できた」「B まあできた」「C できなかった」の3段階で自己評価を行っている。そして，ロールプレイを通しての想像体験の学びを比較するため，各項目の生徒の自己評価の結果について，「A できた」を3点，「B まあできた」を2点，「C できなかった」を1点として得点化し，各クラスの平均点を求めた。2クラスの項目間の検定については，EXCEL 統計 Ver.7.0 を用いて t 検定を行い，統計的有意水準は5％以下とした。

4　結果および考察

（1）授業者の授業評価と授業改善箇所からみた改善の効果

　表4-23は，1回目の授業と2回目の授業の流れ（授業時間）を示している。50分授業が2時間続きのため授業時間は合計100分であるが，2回目の授業では時間を延長したため合計が101分55秒となっている。表4-24は，授業者が1回目と2回目の授業後に省察して，アクティビティの3つの視点「⑴活動内容の適合度」「⑵活動の困難水準」「⑶学習目標への到達度」で授業評価をした授業者の自由記述の記載内容と，授業を参観した大学教員が確認できた2回目の授業の改善箇所をまとめている。

　1回目の授業では，学習目標として「高齢者の生活を取り巻く環境について

表4-23 授業の流れ（2時間続きの家庭科の授業時間）

	1回目の授業	(分:秒)	2回目の授業	(分:秒)
導入	介護のイメージアンケート結果	2:10	介護のイメージアンケート結果	2:30
展開	1) 高齢者介護の課題 高齢者介護の現状についてのグラフ読み取り	6:50	1) 今日の課題「介護計画を立てよう」 えひめ家の紹介 「家族で介護ができないときどうする」 ⇒ 介護保険制度の必要性	4:35
	2) 介護保険制度について説明	10:30	2) 介護保険制度について説明 えひめ家を活用（祖母要介護3）	13:45
	3) 1日の介護計画を立てる ①活動の説明（教師） ②役割分担を決める（班活動） ③活動説明，自分の気持ちを書くように指示（教師） ④自分の気持ちを書き，家族になりきって1日の介護計画を立てる（班活動） ⑤発表（全体活動）	7:10 3:45 1:45 42:40 19:40	3) 1日の介護計画を立てる ①役割分担を決める（班活動） ②自分の気持ちを書く（個人） ③自分の気持ちを家族に発表し合う（班活動） ④活動〜発表までの説明（教師） ⑤家族になりきって1日の介護計画を立てる（班活動） ⑥発表（全体活動）	3:40 3:48 3:42 7:40 26:25 32:00
まとめ	まとめ：感想記入	5:30	まとめ：感想記入	3:50

理解する」「介護保険制度について理解する」「高齢者も家族も互いに生活しやすくするためにはどうしたらいいのか，介護計画を立てることによって考えることができる」の3つの目標が設定されていた。そのため，1回目の授業では，展開の最初に「1) 高齢者介護の課題」として，高齢者介護の現状に関する統計資料のグラフ4点をA4用紙のワークシートに示し，生徒に読み取らせて気付いたことをワークシートに書かせ，発表させている。その後，「2) 介護保険制度」について説明して，ロールプレイ「3) 1日の介護計画を立てる」に入っている。「3) 1日の介護計画を立てる」では，活動の説明はしたものの，「えひめ家」の5人の家族構成や状況については説明せず，配付資料をみて役割分

表 4-24　授業者の授業評価と授業改善箇所

	授業者の1回目の授業評価	2回目授業の改善箇所	授業者の2回目の授業評価
活動内容の適合度	・「高齢者の生活を取り巻く環境について理解する」という目標は，介護計画を立てるというメインの活動に生徒を集中させるためにも必要なかったと思う。生徒に高齢者の現状についてのグラフを読み取らせたことで，介護や高齢者を統計上のこと，身近なものでないと捉えてしまった。 ・介護計画を立てる活動に集中させるために，活動の説明やなりきる家族についてはっきりさせた方がよかった。	・「高齢者の生活を取り巻く環境について理解する」の目標を削除して，高齢者の現状と課題の資料読み取りを削除。 ・初めに，なりきる家族「えひめ家」を紹介して家族の状況を理解させる。そして，介護保険制度の説明では登場する要介護3の祖母を使って解説し，感情移入できるようにしている。	・「介護保険制度について理解する」「高齢者も家族も互いに生活しやすくするためにはどうしたらいいのか，介護計画をたてることによって考える事ができる」の2つに1回目の授業から目標を減らした。 ・介護にかかる金額の説明も介護計画を立てるワークシートで説明することができた。介護計画を立てるときには，始まる前に家族の状況についてよく説明した。そのとき，自分の役になりきれるようにできるだけ詳しく説明することを心がけた。 ・学習目標の内容に学習活動の内容が適合していたと思う。
活動の困難水準	・生徒に高齢者の現状と課題についてで，大きく時間を取ったため，介護計画を立てる活動時間が短くなった。 ・でも，生徒は，家族の説明があまりできなかったが，よく考えてくれていた。	・高齢者の現状と課題の資料読み取りを削除して，介護計画を立てる時間，発表時間を確保できるようにしている。 ・発表についてもスムーズに行くように工夫されている。 ・家族の状況説明をしっかりしている。	・提示した家族は，時間的にもそれぞれの主張的にもかなり困難な設定になっていたが，うまく時間や主張を理解して介護計画を立てることができていた。 ・班によっては，活発な生徒がどんどん話を進めてしまい，その生徒の役の主張ばかり通ってしまっている場面も見かけた。クラス全体で時間をとり，各班「今は祖母の意見の時間」というように区切ってみてもよかったかもしれない。
学習目標への到達度	・人ごとのように捉えてしまって，自分はどうしたいとかこうされたいのは，「あの人はこうしたいんじゃない」というように自分のこととして考えていない。 ・「介護保険制度を理解する」の目標水準に達していなかった。介護計画を立てて自己負担額の計算が間違って記入している班があった。9000円を超えると全額自己負担が理解できていない。	・もっと自分の家族の役割になりきらせるため，介護計画を立てる前に，家族状況における自分の気持ちを発表する時間を設けている。 ・自己負担額の計算がわかりやすいように，ワークシートを改善し，介護保険制度の説明でも負担額について詳しく説明している。	・最後の発表から介護を受ける側だけではなく介護者の主張も通る介護計画を考えることができた。 ・介護保険制度の金額の理解についてはよくできていたと思う。金額が多くなっても「共働きだから」や，「お金を払っても介護で疲れてしまったり，ストレスを感じてしまったりするよりはいい」という意見もあり，お金の出所まで想像力を働かして考えることができていた。

担を決めるように指示をしている。役割分担を決めるための配付資料には，家族5人の役割ごとにA4用紙1枚に状況と主張が書かれ，「どんな気持ち？」と当事者になった自分の気持ちを書くスペースがある。

❶ 活動内容の適合度
　1回目の授業後における授業者の授業評価「活動内容の適合度」をみると，「生徒に高齢者の現状についてのグラフを読み取らせたことで，介護や高齢者を統計上のこと，身近なものでないと捉えてしまった」「介護計画を立てる活動に集中させるために，活動の説明やなりきる家族についてはっきりさせた方がよかった」と評価している。これは，1回目の授業時間をみると，「1) 高齢者介護の課題」「2) 介護保険制度の説明」に合わせて17分20秒かかり，2時間続きの問題解決的な学習が，グラフの読み取りの課題や介護保険制度の説明とロールプレイの活動に二分されてしまったため，介護計画を立てる活動に集中できていないと授業者が評価したと推察される。

　そのため，改善した2回目の授業では，3つの目標のうち「高齢者の生活を取り巻く環境について理解する」を削除して，1回目の授業の展開「1) 高齢者介護の課題」をカットしている。そして，展開の初めを「1) 今日の課題：介護計画を立てよう」とし，「えひめ家」を紹介して家族の状況を理解させ，家族で介護できないときどうするかという課題から，介護保険制度の説明に入っている。さらに，「えひめ家」に登場する要介護3の祖母を使って介護保険を解説し，感情移入できるように改善していた。その結果，1回目の授業では，展開の「1) 高齢者介護の課題」「2) 介護制度について説明」と「3) 1日の介護計画を立てる」が分断されていたが，2回目の授業では，展開全体で「えひめ家の介護計画」の問題解決につながる流れとなっていた。このことにより，2回目の授業後における授業者の授業評価「活動内容の適合度」では，1回目の授業から目標を2つに減らしたことが評価されている。自分の役になりきれるようにできるだけ詳しく説明することを心がけたことで，「学習目標の内容に学習活動の内容が適合していたと思う」という高い評価につながったと考えられる。

　2時間続きの問題解決的な学習として，一貫してロールプレイの「えひめ家」

を使って介護保険を説明する授業改善は,「えひめ家」の要介護3の祖母に対する認識を深め,生徒が演じる家族の状況を理解することによって課題解決への動機付けにつながったと考えられ,授業設計の改善が効果的であったと判断できる。

❷活動の困難水準

1回目の授業後における授業者の授業評価「活動の困難水準」をみると,「生徒に高齢者の現状と課題についてで,大きく時間を取ったため,介護計画を立てる活動時間が短くなった」と評価している。1回目の授業時間をみると,「3) 1日の介護計画」の「⑤各班の発表」が19分40秒と短く,全8班のうち後半の発表班は短めに発表するように授業者から指示され,質問の時間がなくなっていた。改善した2回目の授業では,高齢者の現状と課題の資料の読み取りを削除して,介護計画を立てる活動時間と発表時間を確保できるようにし,発表についてもスムーズに行くように黒板の介護計画(それぞれの介護の実施手段)の貼り方を工夫していた。これらの改善により,2回目の授業における「⑥各班の発表」時間をみると32分で,1回目の授業より12分20秒長くなり,全8班が十分に発表し質問の時間も確保されていた。それが,2回目の授業後における授業者の授業評価「活動の困難水準」で,「提示した家族は,時間的にもそれぞれの主張的にもかなり困難な設定になっていたが,うまく時間や主張を理解して介護計画を立てることができていた」という高い評価につながったと推察される。

問題解決的な学習における活動の困難水準では,学習者にとって容易には解決できず,協働で工夫して解決策を導き出すような問題が,問題発見・解決能力の育成につながる。活動の困難水準は,活動の内容が学習者にとって取り組むのに適切だったかを評価するもので,活動時間だけでは判断できないが,活動が学習者にとって簡単すぎてすぐに終わる,反対に難しすぎて授業時間内に終わらないなど,活動時間に反映されて授業者に認識されやすい。1回目の授業では発表時間が十分に取れなかったが,2回目の授業では,授業設計を改善したことにより,生徒がロールプレイにスムーズに入って問題解決し,さらに,発表のさせ方の工夫により発表がしっかりできたことから,活動の困難水準が

改善されたと判断できる。

❸ 学習目標への到達度

　1回目の授業後における授業者の授業評価「学習目標への到達度」をみると，「人ごとのように捉えてしまって，自分はどうしたいとかこうされたいよりは，『あの人はこうしたいんじゃない』というように自分のこととして考えていない」と評価し，当事者として問題解決していないことを問題点として挙げている。ロールプレイにおいては，当事者として問題解決することが重要で，人ごとで問題解決しても学習目標「高齢者も家族も互いに生活しやすくするためにはどうしたらいいのか，介護計画を立てることによって考えることができる」につながらない。そのため，改善した2回目の授業では，自分の家族の役割になりきらせるため，介護計画を立てる前に，家族状況における役割当事者としての自分の気持ちを発表する「③自分の気持ちを家族に発表し合う」時間を設けていた。

　1回目の授業では，展開「3）1日の介護計画を立てる」の「④自分の気持ちを書き，家族になりきって1日の介護計画を立てる」活動時間が42分40秒かかっている。この活動時間の中で，各班に配付された「えひめ家」の5人の状況資料（各1枚）から自分の役割資料を受け取り，各自で読んでその立場での気持ちを書き，引き続き1日の介護計画を立てていた。そのため，活動をスタートしてから，家族それぞれの状況を把握して介護計画の話し合いが深まるまでに時間がかかっていた。一方，2回目の授業では，展開「3）1日の介護計画を立てる」で「②自分の気持ちを書く」時間を設け，さらに，「③自分の気持ちを家族に発表し合う」時間を区切って挿入していた。このように当事者になった自分の気持ちをメンバーに発表することによって，お互いの気持ちを確認でき，「⑤家族になりきって1日の介護計画を立てる」活動が各班ともスムーズに話し合いへと移行して，介護計画を立てることにつながったと推測される。

　実際に，「3）1日の介護計画を立てる」にかかった時間をみると，介護計画を立て終わった班から発表に向けて黒板に介護計画を貼りに行くまでの時間に差がみられた。1回目の授業では，「④自分の気持ちを書き，家族になりきって1日の介護計画を立てる」において，活動が始まってから黒板に自分たち

の介護計画を貼りに行くまでに一番早い班でも29分50秒かかっていた。一方，2回目の授業では，「⑤家族になりきって1日の介護計画を立てる」の活動開始から一番早い班は18分10秒で介護計画を黒板に貼りに行き，26分25秒で全班が貼り終えていた。2回目の授業では，この介護計画を立てる活動がスムーズに進められたことにより，発表時間が長く確保できたと考えられる。そして，2回目の授業後における授業者の授業評価「学習目標への到達度」で，「最後の発表から介護を受ける側だけではなく介護者の主張も通る介護計画を考えることができていた」と評価しているのは，発表において介護される祖母のことだけでなく，自分たちの立場に触れながら問題解決した班が多かったことによると推察される。

　学習目標「介護保険制度を理解する」への到達度の評価については，生徒の授業課題である「1日の介護計画」の解決結果に照らし合わせて後述する。

（2）学習者からみた授業改善の効果
❶生徒の「1日の介護計画」の解決結果

　生徒は，5人家族になりきって，祖母の「1日の介護計画」を立てるという問題を解決しなければならない。表4-25は1回目の授業における各班の「1日の介護計画」の解決結果，表4-26は2回目の授業における各班の「1日の介護計画」の解決結果を示している。

　表4-24で，1回目の授業後における授業者の授業評価「学習目標への到達度」において，「『介護保険制度を理解する』の目標水準に達していなかった。介護計画を立てて自己負担額の計算が間違って記入している班があった。9000円を超えると全額自己負担が理解できていない」と，介護保険制度の理解の低さを問題点として挙げた評価がある。要介護3では，1日の介護費用の上限が9000円で1割負担900円であるが，9000円を超えた金額は全額自己負担となる。しかしながら，1回目授業では，表4-25に示すように，生徒は理解できておらず，3班と7班は9000円を超えても利用した介護給付対象の福祉サービス全額を1割負担で計算しており，誤った金額のまま発表していた。1回目の授業では発表時間も短く，授業者も誤りに気付かずに訂正することができず，3班のようにたくさんの福祉サービスを利用しても費用が安いという誤解を招

表4-25　1回目授業における各班の1日の介護計画の結果

時間 \ 介護内容	班	1	2	3	4	5	6	7	8
1:00	夜排泄①	子	子	子	子	子	子	T3	子
4:00	夜排泄②	祖父	母	T3	祖父	祖父	祖父	祖父	祖父
7:00	着がえ・洗面	父	祖父	母	母	母	母	祖父	父
	排泄①	父	祖父	母	父	祖父	父	父	祖父
8:00	朝食・調理	母	母	T2	母	母	母	T2	母
	朝食・介助	祖父	祖父	T2	祖父	祖父	祖父	T2	祖父
	排泄②	T1	T1	T1	T1	T1	T1	T1	T1
12:00	昼食・調理	T1	T1	T1	T1	T1	T1	T1	(T4)
	昼食・介助	T1	T1	T1	T1	T1	T1	T1	(T4)
	排泄③	T1	T1	T1	T1	T1	T1	T1	T1
	排泄④	T1	T1	T1	T1	T1	T1	T1	T1
17:00	排泄⑤	祖父	子	祖父	子	子	祖父	祖父	子
19:00	夕食・調理	母	父子	T4	母	母	子	父	母
	夕食・介助	祖父	祖父	T4	祖父	母	母	父	祖父
	排泄⑥	子	祖父	T4	父	父	父	祖父	祖父
22:00	排泄⑦	父	父	父	子	父	母	子	母
	(入浴)	T1	T1	T2	T1	T1	T1	子	T1
	介護費用（円）	800	800	4,480（誤） 14,200（正）	800	800	800	1,580（誤） 7,700（正）	3,300

注）T1（Type1）：デイサービス（9時〜15時 8,000円），T2（Type2）：身体介護（1時間 4,000円），T3（Type3）：夜間対応型排泄の訪問介護（1時間 3,800円），T4（Type4）：介護給付以外の民間サービス（1時間 2,500円）…全額自己負担。
※8班の（T4）は，祖母のためではなく，祖父のためのサービス。

いていたことから，授業者の評価が低くなったと推察される。

　そのため，2回目の授業では，自己負担額の計算がわかりやすいようにワークシートを改善し，介護保険制度の説明の中でも負担額について詳しく説明していた。その結果，2回目の授業における各班の「1日の介護計画」の解決結果では，介護費用の計算を誤った班は一つもなかった（表4-26）。さらに，発表では，生徒はえひめ家の家族になりきって，祖母だけでなく家族の状況を述べながら介護計画を立てて問題解決していた。それが，2回目の授業後における授業者の授業評価（表4-24）「学習目標への到達度」において，「介護保険制度の金額の理解についてはよくできていたと思う。金額が多くなっても『共働きだから』や，『お金を払っても介護で疲れてしまったり，ストレスを感じてしまったりするよりはいい』という意見もあり，お金の出所まで想像力を働かして考えることができていた」という評価につながったと推察される。

表4-26　2回目授業における各班の1日の介護計画の結果

時間 / 介護内容		1	2	3	4	5	6	7	8
1:00	夜排泄①	父	子	父	子	T3	T3	子	父
4:00	夜排泄②	祖父	祖父	祖父	母	祖父	子	父	祖父
7:00	着がえ洗面	子	母	父	父	母	母	母	母
	排泄①	母	母	父	父	父	子	母	父
8:00	朝食・調理	母	祖父	父	母	母	父	祖父	母
	朝食・介助	祖父	祖父	祖父	祖父	祖父	祖父	祖父	祖父
	排泄②	T1	T1	T1	T1	T1	T1	T1	T1
12:00	昼食・調理	T1	T1	T1	T1	T1	T1	T1	T1
	昼食・介助	T1	T1	T1	T1	T1	T1	T1	T1
	排泄③	T1	T1	T1	T1	T1	T1	T1	T1
	排泄④	T1	T1	T1	T1	T1	T1	T1	T1
17:00	排泄⑤	祖父	祖父	祖父	祖父	子	祖父	母	祖父
19:00	夕食・調理	父子	母	父子	父子	母	母	T4	子・祖父
	夕食・介助	子	父	父子	子	祖父	父	T4	子
	排泄⑥	母	父	父子	祖父	父	祖父	T4	父
22:00	排泄⑦	父	父	母	祖父	父	父	母	母
	(入浴)	T1	T1	T1	T1	祖父	母	T1	T1
介護費用（円）		800	800	800	800	3,700	3,700	3,300	800

注) T1（Type1），T2（Type2），T3（Type3），T4（Type4）は表4-25に同じ。

❷生徒の授業の感想

　生徒のワークシートにおける授業の感想（自由記述）の記載内容について，学習目標「高齢者も家族も互いに生活しやすくするためにはどうしたらいいのか，介護計画を立てることによって考えることができる」への到達度を検証するため，「家族で協力すべき（家族介護への理解）」「社会で支える介護サービス利用の大切さ（介護保険の必要性）」「役になりきることで，その立場の人の気持ちがわかった（ロールプレイの意義）」「介護の大変さ，家族で支えることや介護費用の負担（高齢者介護の課題）」の4点について，1回目の授業と2回目の授業を比較した結果が表4-27である。

　1回目の授業後における授業者の授業評価「活動の困難水準」（表4-24）において，「人ごとのように捉えてしまって，自分はどうしたいとかこうされたいよりは，『あの人はこうしたいんじゃない』というように自分のこととして考えていない」と低く評価されたのは，第1回目の授業の生徒の感想が「家族で協力すべき」が14人と多く，自分の立場の主張が弱いことが一因と推察さ

表 4-27　生徒の授業の感想（自由記述）

人

	1回目授業 (n=40)	2回目授業 (n=40)
家族で協力すべき	14	11
社会で支える，介護サービスの利用の大切さ	9	10
役になりきることで，その人の立場がよくわかった	5	6
介護の大変さ，家族で支えることや介護費用の負担	15	18

れる。2回目の授業の生徒の感想では，「家族で協力すべき」が11人であったのに対して，「介護の大変さ，家族で支えることや介護費用の負担」が18人と多く，自分が演じた家族の困難な状況を思い，介護の大変さを介護費用と絡めて述べていた。2回目の授業後における授業者の授業評価「学習目標への到達度」（表4-24）をみると，「最後の発表から介護を受ける側だけではなく介護者の主張も通る介護計画を考えることができていた」と評価が高くなっているが，生徒の発表だけでなく，生徒の感想からも裏付けられる。

❸生徒の自己評価

　表4-28は，授業の最後に生徒が授業を振り返って自己評価した結果である。この自己評価項目は，ロールプレイを通しての想像体験の学びを比較するために設けた項目であるが，1回目の授業クラスよりも2回目の授業クラスの方が，4項目とも自己評価の平均点が高い。「①役になりきって気持ちを伝えることができた」「③高齢者介護の課題がわかった」は，2回目の授業クラスの方が1回目の授業クラスよりも有意に自己評価が高い（$p<0.05$）。1回目の授業後における授業者の授業評価「活動内容の適合度」では，「介護計画を立てる活動に集中させるために，活動の説明やなりきる家族についてはっきりさせた方がよかった」と，活動に集中できていないことが問題点として挙げられていたが，改善した2回目の授業では，「えひめ家」の家族の紹介をしてから自分の役を決め，さらに役になった自分の気持ちを発表する時間が設けられた。これらの授業の改善により，2回目の授業における生徒の「①役になりきって気持ちを伝えることができた」の自己評価が，1回目の授業における生徒よりも高くなったと考えられる。

表4-28 授業改善による生徒の自己評価比較

評価項目	1回目授業 (n=40)		2回目授業 (n=40)		t検定
	平均	SD	平均	SD	
①役になりきって気持ちを伝えることができた	2.51	0.559	2.78	0.422	*
②家族の生活や気持ちを考えて介護計画を立てることができた	2.78	0.417	2.83	0.378	−
③高齢者介護の課題がわかった	2.65	0.484	2.89	0.319	*
④介護制度の仕組みがわかった	2.53	0.506	2.72	0.454	−

*$p<0.05$

　そして，2回目の授業における生徒の「③高齢者介護の課題がわかった」の自己評価が高くなっていた。その要因として，役になりきれたことと，介護の経済的負担を理解できたことが考えられる。それは，1回目の授業後における授業者の授業評価「学習目標への到達度」で，介護費用の計算ができていなかったため学習目標「介護保険制度について理解する」の到達度が低くなったことを問題点に挙げ，2回目の授業では，ワークシートを改善して介護費用についてきちんと説明してから介護計画を立てさせたことによると推察される。これらのことにより，生徒の授業の感想（表4-27）においても，2回目の授業の方が「介護の大変さ，家族で支えることや介護費用の負担」の感想が多くなったと考えられる。

　また，1回目の授業では，学習目標として「高齢者の生活を取り巻く環境について理解する」を挙げ，展開にまず「1）高齢者介護の課題」として高齢者介護の現状に関する統計資料を示して考えさせたが，2回目の授業では，授業改善により「えひめ家」の当事者になりきらせて介護計画を立てる活動に重点を置き，「1）高齢者介護の課題」を削除した（表4-23）。しかし，生徒の自己評価をみると，「②高齢者介護の課題がわかった」という評価は，展開で「1）高齢者介護の課題」で高齢者介護に関する統計資料を読み取る時間を設けた1回目の授業クラスよりも，削除してロールプレイにウェイトを置いた2回目の授業の方が有意に高い（$p<0.05$）。このことから，統計資料で学習するよりも，当事者の家族となるロールプレイで想像体験を通して問題解決を実感する方が，高齢者介護の課題を理解する上で効果的であることが示唆される。

5 要約

 本研究では,「アクティビティを中心に捉えたアクション・リサーチモデル」における授業改善の効果を検証することを目的とした。高校家庭科における高齢者介護についての福祉生活課題解決能力を育成する授業を計画して,授業実践,授業評価をして授業者が一人で授業改善をするアクション・リサーチの効果を検証した。その結果,以下のことが明らかになった。

1) アクティビティは,(1)活動内容の適合度,(2)活動の困難水準,(3)学習活動への到達度の3点を検討して開発し,授業評価をすることによってアクション・リサーチに組み込むことができ,授業者一人でも授業改善に活用できる。
2) ロールプレイで家族になりきって介護計画を立てるアクティビティは,当事者となって問題解決することによって高齢者介護の課題を実感することができ,福祉生活課題解決能力を育成する上で効果的である。

 本研究では,1回目と2回目の授業を同じ学科の別のクラスで実践しているため,生徒による違いが生じることは否定できない。しかしながら,1回目の授業と2回目の改善された授業では,ロールプレイで各グループが問題解決に入り込むまでの時間や解決策の発表に明らかに違いがみられた。高校教員が一人でも「アクティビティを中心に捉えたアクション・リサーチモデル」による授業改善が実践できることが示唆されたと考える。
 本章では,生活課題解決能力を育成する授業評価・改善について検討し,授業者が授業後に省察して授業評価することの妥当性,解決すべき生活問題のレベル(学習の到達目標)を授業者が考えて授業改善をすることの必要性を示唆できたと考える。そして,生活課題解決能力を育成する授業デザインでは導入するアクティビティが中心となるため,アクティビティを中心に捉えたアクション・リサーチモデルは,授業者一人でも実践でき,授業改善ができることが明らかになった。終章では,これまでの知見をまとめ,今後の課題を検討する。

終章

生活課題解決能力を育成する
授業デザインと授業評価・改善モデルに
おける今後の研究課題

1. 本研究による知見

　本研究では，生活課題解決能力を育成するとはどういうことであるかの基礎的研究を踏まえ，家庭科における授業実践・授業分析を通して①生活課題解決能力を育成するための授業デザイン，②生活課題解決能力を育成するための授業評価・改善，③アクティビティを中心にしたアクション・リサーチを実証的に検討した。

　第1章第1節では，「生活課題解決能力の育成」とは，生活における解決すべき問題（課題）を判断する意思決定能力と解決する実践力の育成であることを示した。さらに，中間（2004）が示した解決すべき生活問題のレベルに基づいて家庭科で扱う内容を検討し，さらに小・中・高校の学習指導要領において家庭科の目標と扱われている内容の発達段階による違いを一覧表（表1-3）に整理した。

　レベル1「個人の生活問題」は，日常生活の課題解決を目指す小学校と，生活的自立を目標とする中学校を中心に扱われているが，生涯を見通して健康的に経済的に安定して生活するために高校においても今後いっそう重視されるべきと考えられる。レベル2「家族や地域社会の人々との生活問題」は，家庭科が目指す「自立」と「共生」における「人との共生」のために解決しなければならない生活問題であり，小・中・高校の発達段階に合わせて，地域実践を導入した授業実践が期待される。レベル3「社会システムにおける生活問題」は，個人のレベル，家族や地域社会のレベルでは解決することが難しい生活問題であるが，家庭科において近年重視されている環境問題や消費者問題はまさにレベル3に当たり，個人の行動が社会や環境へ与える影響を小学生の段階から理解する必要がある。高校においては，福祉問題，少子高齢化問題，男女共同参画社会などに関する批判的思考を養い，解決するために自分はどうすればよいのかといった内省的実践・解放的行為を目指すことが求められる。

　第1章第2節では，家庭科教育における授業研究の動向について，先行研究を踏まえ，日本家庭科教育学会誌（2010～2016年）における授業研究論文を中

心に検討した。その結果，授業研究論文における課題設定においては，題材や教材開発，指導方法といった「教材」に関する課題が大半を占め，「授業者」を課題設定にした授業研究論文が少ない傾向は一貫して変わっていないことが明らかになった。

また，吉崎（2016）は，授業研究方法の特徴として，「一人称，二人称，三人称としての授業研究」があるとし，授業実践者と研究者が共同で授業を改善する二人称の授業研究は，一人称（授業者のみ）よりも客観性が高まり，三人称（第三者の立場のみ）に比べて当事者性があり，当事者性と客観性のバランスがほどほどにとれていることを特徴として挙げている。しかし，日本家庭科教育学会誌では一人称の授業研究が少なく三人称としての授業研究が大半を占めていた。上野（2003）は家庭科教育が発展するためにアクション・リサーチによる授業研究が必要であることを指摘しているが，アクション・リサーチによる授業研究論文はない。したがって，家庭科の授業研究において授業者に課題を当てて一つの授業を改善していくアクション・リサーチによる授業研究を行うことが求められる。

第2章では，高校家庭科における授業デザインと授業評価の実態を把握するために，高校家庭科教員に授業研究に関する調査を実施して，高校家庭科の授業研究における課題を検討した。その結果，7割の高校家庭科教員が学習活動を創造する段階で悩み，さらに学習活動を効果的に導入し，生徒を支援しながら問題解決的な学習に展開していくといった授業デザインに課題があることが明らかになった。多忙で授業後に省察する時間もなく，個人での授業研究が難しいことに加えて，教員一人体制の学校では，校内の授業研究も困難な実態から，高校教員が一人でも実践できるアクション・リサーチが必要である。また，様々な学習活動を実施している教員ほど生徒の授業に対する意欲が高いが，一方で，若い教員では体験学習や専門性の高い実験の実施率が低かった。そのため，教員養成大学で専門的な知識を高めて，学習活動を導入した授業デザインを習得する必要があることが指摘された。

第3章においては，生活課題解決能力を育成するための授業デザインの実証的研究，第4章においては，生活課題解決能力を育成する授業の評価・改善について実証的に検討した。表終-1 は，本研究の授業実践における解決すべき

表終-1 本研究の授業実践における解決すべき生活問題のレベルと導入したアクティビティおよび「一人称,二人称,三人称としての授業研究」の一覧

章	節	実施した校種	生活問題のレベル	扱う内容	導入したアクティビティ	授業実践
第3章	第1節 福祉生活課題解決能力を育成する授業	高校	レベル2 家族や地域社会の人々の生活問題	障害者の理解	地域実践 障害者との交流	○
	第2節 食生活課題解決能力を育成する授業	高校	レベル1 個人の生活問題	自分の食生活管理 食事と運動のバランス	コンピュータシミュレーション	○
	第3節 消費生活課題解決能力を育成する授業	高校	レベル1 個人の生活問題	一人暮らしの家計管理,ローン管理	コンピュータシミュレーション	○
	第4節 小学生の消費生活課題解決能力を育成する授業	小学校	レベル1 個人の生活問題	1ヵ月のお小遣い,買い物計画	シミュレーション	△
第4章	第1節 生活課題解決能力を育成する授業における授業評価と省察の必要性	中学校	レベル1 個人の生活問題	食生活の知識・技術,肉の特徴とハンバーグ	グループディスカッション	△
	第2節 福祉生活課題解決能力を育成する授業の評価・改善	高校	レベル3 社会システムにおける生活問題	障害者福祉を考える	ラベルトーク KJ法,地域実践障害者との交流	○
	第3節 生活課題解決能力を育成する授業デザインと授業評価・改善モデルによるアクション・リサーチ	高校	レベル2 家族や地域社会の人々の生活問題 レベル3 社会システムにおける生活問題	介護保険制度,家族の介護計画を立てる	ロールプレイ シミュレーション	△

注)「○」は,筆者が高校教員時代の授業実践(当事者)による授業研究である。
　　「△」は,筆者が大学教員の立場でかかわった二人称による授業研究である。

生活問題のレベルと導入したアクティビティの一覧である。

　第3章の第1節～第3節は，筆者が高校教員時代に行った授業実践による研究である。高校生を対象とした生活課題解決能力を育成するため，高校生に適し，かつ題材に合った教材開発を目指して，地域実践やシミュレーションなどのアクティビティを導入した。これらの授業を分析した結果，生活課題解決能力の育成に一定の学習効果があったことを実証している。第4節は，筆者がコンサルテーションとしてかかわった小学生の消費者教育の授業を分析して，実践を再構成し，小学生の消費生活課題解決能力を育成する授業デザインについて理論化した。

　第4章では，生活課題解決能力を育成する授業の評価・改善について検討した。第1節では，大学における教員養成課程の教育実習生とベテラン教員を対象に「履修形態」「教材」「教師」の違いから実験的に授業実践・授業分析をし，授業評価方法についても検討した。その結果，実習生である未熟な授業者であっても，授業後の自己の授業評価をみると的確に省察ができていた。このことから，実践的知識は授業経験を通して成長していくものであるが，授業後にきちんと省察をすることが，未熟な授業者がより早く熟練教師になる上で重要であることが示唆された。

　第4章第2節も筆者による授業実践であるが，第3章第1節の授業実践についての課題を基に，福祉生活課題解決能力を育成するために改善した授業である。授業分析をして，改善して導入したアクティビティの効果から授業評価を行うとともに，学習者の思考の変容プロセスを明らかにした。第3章第1節の授業実践は，知的障害者との交流体験学習により障害者を理解する上で効果的ではあったが，解決すべき生活問題のレベルとしてはレベル2「家族や地域社会の人々との生活問題」の段階で，相互作用的実践にとどまる。そのため本節の実践で授業改善を行い，知的障害者との交流体験学習にさらにラベルトーク，KJ法などの参加型アクション志向学習を導入して障害者福祉について考えたことにより，レベル3「社会システムにおける生活問題」の内省的実践・解放的行為に効果的に作用したことを示した。

　第4章第3節は二人称による授業研究であるが，アクティビティを中心に捉えたアクション・リサーチモデルにおける授業改善が高校教員一人でも実践で

きることを検証するため，あえて高校教員の授業者が授業改善に一人で取り組み，筆者が第三者の立場で授業観察をすることにした。高校家庭科における高齢者介護についての福祉生活課題解決能力を育成するために共同研究で開発したアクティビティを導入して，高校教員の授業者が授業を設計して実践し，一人で授業を省察して授業改善をするアクション・リサーチの効果を検証した。その結果，アクティビティは，(1)活動内容の適合度，(2)活動の困難水準，(3)学習活動への到達度の3つの視点で検討して開発し，授業評価をすることによってアクション・リサーチに組み込むことができ，授業者一人でも授業改善に活用できることが明らかになった。

2. 考察
―― 生活課題解決能力を育成する授業デザインと授業の評価・改善に関するモデル

　第1章第3節において，本研究で提案する生活課題解決能力を育成するための授業デザインと授業評価・改善モデルとして，生活課題解決能力を育成する授業デザインのモデル（図終-1），生活課題解決能力を育成する授業評価・改善に関するモデル（表終-2）を示した。

　第3章の生活課題解決能力を育成するための授業デザインの実証的研究，第4章の生活課題解決能力を育成する授業の評価・改善の実証的研究は，いずれもこれらのモデルに基づいて実践をしている。

　図終-1については，第3章第4節において行った実証研究を吉崎（2008）が示した授業デザインに当てはめて，消費生活課題解決能力を育成するための授業デザインの理論化を示している。つまり，生活課題解決能力を育成する授業デザインは，「①授業に対する思い：どんな生活課題を解決するのか」「②授業の発想：学習者や生活課題に適した題材を選定する」「③授業の構成：学習者が自分のこととして捉えて問題解決する授業展開を考える」「④授業で用いる教材の開発：実感を伴うようなアクティビティを取り入れる」「⑤日常生活での問題意識：学習者の理解と学習者に関わる生活課題の理解を大切にする」の5つの構成要素から成り立っている。なお，生活課題解決能力を育成する授業デザインでは，特に「⑤日常生活での問題意識」が重要で，指導者が学習者を理解し，どれだけ学習者の消費生活課題に適したアクティビティを導入できるかにかかっている。そして，問題解決的な学習を通して，学習者の課題に対する自己開示と問題解決における思考過程を可視化することによって，当事者として意思決定しながら自分の意識の変容に気付くことができ，自分の生活への批判的思考，ならびに生活課題解決のための実践的態度を養うと考える。

　生活課題解決能力を育成するためには，学習者が実感を伴うような参加型アクティビティを開発して，問題解決的な学習になるように授業設計をしていかなければならないため，アクティビティが授業の中心となる。しかしながら，

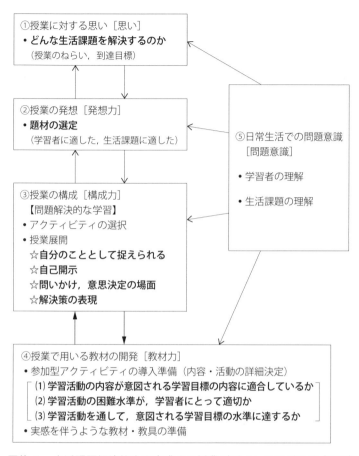

図終-1　生活課題解決能力を育成する授業デザインのモデル図（再掲）
注）吉崎（2008）が示した「授業デザイン」の構成要素に当てはめて作成している。

アクティビティは導入することが目的ではなく，目指す学習者の姿があり，目標に近づけるための手段である。そのため，アクティビティが意図される学習成果に向かって学習者を動かさない限りは適切とはいえず，指導者は，アクティビティの導入と評価において意図される学習成果の水準と内容に適合しているか，また困難水準が学習者に適切かを検討する必要がある（ヒッチ，ユアット，2005）。したがって，授業評価においても導入したアクティビティを評価する必要がある。

表終-2　生活課題解決能力を育成する授業評価・改善に関するモデル（再掲）

評価の視点 (学習活動が適切かを評価)	影響される要因	問題点の把握	授業デザインの改善
(1) 学習活動の内容が意図された学習目標の内容に適合していたか	題材，教材，教具，活動内容	教師の授業準備，問題の捉え方	⑤問題意識（生活課題の理解） ①思い（授業の到達目標） ②発想力（題材の選定） ④教材力（教材・教具）
(2) 学習活動の困難水準は，学習者にとって適切だったか	学習活動の難易度	学習活動レベルと学習者の関係 学習者のレディネスの把握	④教材力（学習活動のレベル） ⑤問題意識（学習者の理解）
(3) 意図された学習目標の水準に達したか	活動の進め方，展開，支援	教師の授業展開，支援の仕方	③構成力（授業展開，活動後の支援） ④教材力（解決結果の表現方法） ①思い（授業の到達目標）

　第3章第4節，第4章第2節および第3節の授業研究では，導入したアクティビティについて，「(1)学習活動の内容が意図された学習目標の内容に適合していたか（活動内容の適合度）」「(2)学習活動の困難水準は，学習者にとって適切だったか（活動の困難水準）」「(3)学習活動を通して，意図された学習目標の水準に達したか（学習目標への到達度）」の3つの視点で授業評価をし，第4章第2節および第3節の授業研究ではさらに，生活課題解決能力を育成する授業評価・改善に関するモデル（表終-2）をもとに授業を改善した。

　導入したアクティビティについて授業評価をする場合，上記で示した「(1)活動内容の適合度」→「(2)活動の困難水準」→「(3)学習目標への到達度」の順に評価して改善につなげていく。たとえば，第4章第3節で示した，家族を演じて介護計画を立てる授業で，授業者は1回目の授業評価において，まず「(1)活動内容の適合度」で学習目標の内容とのずれが生じていると評価した。そのため，授業デザインに立ち返り，「①思い（授業の到達目標）」と照らし合わせて目標の変更をし，さらにずれていると評価した統計資料を読み取る活動を削除している。次に，「(2)活動の困難水準」で活動時間が足りなかった

ことから，授業改善で活動時間を確保し，発表がスムーズになるように掲示物等を工夫している。そして，「(3)学習目標への到達度」でロールプレイの当事者となった問題解決ができていなかったことから，当事者になりきれるように様々な改善を行っている。授業評価をする場合，まず「(1)活動内容の適合度」を評価しなければ，せっかく改善した授業内容がますます学習目標の内容からずれる可能性が大きい。

　また，「(2)活動の困難水準」の評価は，導入したアクティビティの成否を検討する上で重要である。本研究では，表終-1に示すように様々なアクティビティを開発し導入しているが，それぞれについて何度も検討し改善を繰り返した成果である。アクティビティが学習者に適しているか，活動時間は適切か，また困難水準が簡単すぎても難しすぎても，問題を解決する判断力や意思決定能力は養われない。学習者の実態を理解している授業者だからこそ，アクティビティが学習者に適しているかを適切に評価して授業改善ができるのである。

　「(3)学習目標への到達度」の評価は，授業改善をする上で授業者の意識が問われる。授業が成立したことでよしとするのではなく，学習の到達目標の水準に達したかを真摯に省察することにより，授業改善につながる。第4章第2節は第3章第1節の授業を改善した授業であるが，障害者福祉における生活問題のレベル3「社会システムにおける生活問題」の内省的実践・解放的行為を目指すためには，それまでの障害者との交流体験だけでは達成しないと考え，授業デザインに立ち返り，「④教材力」をもとに新たなアクティビティとしてラベルトーク，KJ法を導入して授業改善を行った。第4章第3節では，授業者がロールプレイにおいて自分のこととして問題解決をしていないと評価して，授業デザインに立ち返り「③構成力（授業展開）」を改善している。

　さらに，第4章第3節では，「授業者」に課題を設定して，高校教員一人でもアクティビティを中心に捉えたアクション・リサーチ（図終-2）が実践できることを明らかにするため，授業者が一人で授業計画，授業実践，授業評価をして授業改善をするアクション・リサーチによる授業改善の効果を検証した。その結果，生活課題解決能力を育成するための授業研究において，アクティビティを中心に捉えたアクション・リサーチによる授業改善は，授業者一人でも可能であることが明らかになった。

3. 今後の研究課題

　吉崎（2012a）は，教育工学的アプローチによる授業研究の特徴として，「システムズ・アプローチやアクション・リサーチなどの方法をとりながら，授業を多様な構成要素からなる一つのシステムとみなして，PDCA のサイクルを通して授業改善を行うことにある」としている。

　家庭科の目標である生活課題解決能力を育成するための授業デザインと授業評価・改善において，図終-2 で示したアクティビティを中心に捉えたアクション・リサーチモデルは，授業者がアクティビティを中心に PDCA のサイクルを通して授業改善を行うことができることを明らかにした。2016 年 12 月に公表された中央教育審議会答申では，変化の激しい社会を生きるために子どもたちの問題発見・解決能力の育成が重視され，新学習指導要領では「主体的・対話的で深い学び」の実現を目指してアクティブ・ラーニングの視点に立った授業改善の取り組みを活性化していくことが求められている。アクティビティを中心に捉えたアクション・リサーチモデルは，アクティブ・ラーニングの視点に立った授業改善に役立つと考えられる。

　しかしながら，本研究では，アクティビティを開発して生活課題解決能力を育成するための授業デザインについては重ねて検証がなされているが，授業改

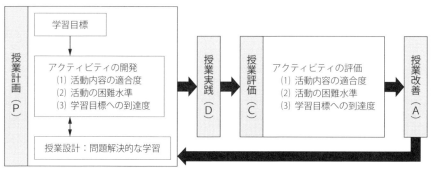

図終-2　アクティビティを中心に捉えたアクション・リサーチ（再掲）

善の部分では実証事例が少なく，さらなる実証的な研究が求められる。授業デザインについても，新学習指導要領では，思考力，判断力，表現力の育成がより求められる。家庭科における授業研究では，これまで教材に関する課題設定が大半を占め，新しい題材や教材開発に着眼点が向けられたことにより，アクティビティの開発は進んでいると考えられる。しかし，これからは，アクティビティを導入して問題解決的な学習で解決したことをどのように表現するかが課題となってくる。

　本研究において，自己開示と思考の可視化が批判的思考を養うことが明らかとなったが，導入したアクティビティに応じてどのような表現方法が効果的であるか，また，対話的で深い学びにつなげるための授業展開や支援について今後さらなる研究が求められる。そして，本書で示した生活課題解決能力を育成する授業評価・改善に関するモデルについて，アクティビティの評価の視点において影響する要因と問題点の把握の関係をより明らかにし，効果的な授業改善の手法について研究する必要性がある。

おわりに

　本書は，筆者が高校教員時代から大学教員として授業研究にかかわるようになった約 20 年間に及ぶ「生活課題解決能力を育成するための授業研究」の一連の研究成果をまとめて，2017 年 3 月に日本女子大学に提出した博士学位論文に加筆・修正を行ったものである。高校教員時代の授業実践当事者として日々授業研究ができる環境から大学教員へと立場が変わった後，どのように授業研究をしたらよいのかわからず悩んだ時期もあった。授業は教室の中で行われ，終われば普通は何も残らない。教室から離れたことで，なぜその授業が子どもたちの意識を変容させたのか，授業分析を通して授業を可視化することが必要だと考えるようになった。そして，理論化することによって他の授業研究でも活用できる可能性がでてくる。本書は，筆者がたどった授業研究の軌跡でもある。
　授業研究の実施，また，研究論文をまとめるにあたり，多くの方々からご教示やご協力をいただいた。この場を借りて心より感謝の意を表したい。
　第 2 章では，アンケート調査にご協力してくださった愛媛県，山口県，神奈川県，茨城県の高等学校家庭科教員の先生方に厚くお礼を申し上げる。
　第 3 章，第 4 章の授業研究における実証的研究では，千葉商科大学付属高等学校の生徒の皆さん，地域実践に協力してくださった福祉施設の職員の皆様および施設利用者の皆様に深く感謝したい。そして，愛媛大学教育学部に勤務したことにより，第 3 章第 3 節ではコンサルテーションとして消費者教育の授業研究にかかわり，さらに第 4 章第 1 節では，愛媛大学教育学部附属中学校で実験的な授業研究に取り組み，第 4 章第 3 節では愛媛大学大学院の授業で共同開発した授業をもとにアクション・リサーチの実践をお願いすることができた。愛媛大学教育学部の諸先生方，愛媛大学教育学部附属中学校の生徒の皆さ

ん，愛媛県伊予地区の家庭科教員の皆様，愛媛県立西条高等学校の安永有美先生と生徒の皆さんに心より感謝したい。

また，家庭科の授業研究と生活課題解決能力の育成について，千葉大学大学院において一からご指導してくださった元千葉大学教授の中間美砂子先生に心よりお礼を申し上げる。さらに，千葉大学大学院の修士論文提出にあたり，元千葉大学教授の佐藤文子先生に丁寧なご指導をいただいた。

そして，博士学位論文をまとめるにあたり，教育工学における授業研究や論文構成についてご指導・ご助言を賜った日本女子大学大学院人間社会研究科の吉崎静夫先生に深くお礼を申し上げる。吉崎静夫先生の「授業デザインモデル」および「授業デザインを基盤とする授業改善・創造モデル」に出会え，師事する機会を得られたことにより，「生活課題解決能力を育成するための授業デザインと授業評価・改善モデル」を導きだすことができた。

さらに，日本女子大学大学院人間社会研究科の諸先生方には，論文構想の最終段階で的確なご助言をいただいた。そして，吉崎静夫先生に加えて学位請求論文の審査委員をお引き受けいただいた日本女子大学大学院人間社会研究科の田部俊充先生，齋藤慶子先生，日本女子大学大学院家政学研究科の天野晴子先生，元千葉大学・連合大学院教授の中間美砂子先生には，ご多忙の中，拙稿をお読みいただき，きめ細かいご指導を賜ったことに心より感謝申し上げる。

なお，本書は「生活課題解決能力を育成する授業デザインと授業評価」の研究課題名で，平成26年〜平成29年度文部科学省科学研究費補助金「基盤研究（C）」の研究助成を受け，平成30年度文部科学省科学研究費補助金「研究成果公開促進費」（課題番号18HP5209）によって刊行されたものである。

「研究成果公開促進費」の申請の段階から快くお引き受けいただいた福村出版社長の宮下基幸氏，編集の労をとっていただいた吉澤あき氏にも厚くお礼を申し上げたい。本書の刊行は，これらの組織・機関に支えられたものである。

2019年1月

野中 美津枝

初出一覧

●第1章　生活課題解決能力を育成するための基礎的・記述的研究
　第1節　家庭科で育成する生活課題解決能力
　　野中美津枝（2016）中学生期高校生期における消費者教育．日本消費者教育学会関東支部監修『新しい消費者教育――これからの消費生活を考える』慶應義塾大学出版会，66-67.

●第2章　高校家庭科における授業デザインと授業評価に関する実態調査からみる現状と課題
　　野中美津枝（2016）高校家庭科における授業デザインと授業評価に関する実態調査からみる現状と課題．日本家庭科教育学会誌，59（2），73-83.

●第3章　生活課題解決能力を育成する授業デザイン
　第1節　福祉生活課題解決能力を育成する授業
　　野中美津枝・中間美砂子（1999）知的障害者との交流体験学習導入による福祉意識の形成――高校家庭科における男子生徒を対象とした実践を通して．日本家庭科教育学会誌，42（1），9-15.
　第2節　食生活課題解決能力を育成する授業
　　野中美津枝・中間美砂子（2003）食生活課題解決への主体性意識の育成――生活活動と食事バランス診断を導入した献立学習を通して．日本家庭科教育学会誌，45（4），376-383.
　第3節　消費生活課題解決能力を育成する授業
　　野中美津枝・中間美砂子（2004）消費生活課題解決への主体性意識の育成――パソコンによる一人暮らしの予算作成を導入して．日本家庭科教

育学会誌，46（4），362-368.
第4節　小学生の消費生活課題解決能力を育成する授業

野中美津枝（2016）小学生の消費生活課題解決能力を育成する授業デザイン．日本消費者教育学会誌『消費者教育』36，77-86.

●第4章　生活課題解決能力を育成する授業評価・改善

第1節　生活課題解決能力を育成する授業における授業評価と省察の必要性

野中美津枝・藤田昌子・宇高順子・谷本昌太・眞鍋郁代・金子省子・曲田清維・中川篤美・中矢恵美香（2010）主体的に学ぶ家庭科の授業設計と授業分析の検討．愛媛大学教育実践総合センター紀要，28，89-102.

第2節　福祉生活課題解決能力を育成する授業の評価・改善

野中美津枝（2011）高校家庭科における福祉生活課題解決能力の育成――参加型アクション志向学習による学習者の思考の変容プロセス．日本家庭科教育学会誌，54（2），96-107.

第3節　生活課題解決能力を育成する授業デザインと授業評価・改善モデルによるアクション・リサーチ

野中美津枝・安永有美（2016）福祉生活課題解決能力を育成する授業のアクション・リサーチ．第32回日本教育工学会全国大会発表論文集，917-918.

引用・参考文献

赤井セツ（1985）家庭生活建設の能力．赤井セツ・吉原崇恵編『これからの家庭科教育』建帛社，7-16．
秋田県家庭科教育研究会（2011）『秋田発　未来型学力をはぐくむ家庭科』開隆堂．
秋田喜代美（2005）学校でのアクション・リサーチ——学校との協働生成的研究．秋田喜代美・恒吉僚子・佐藤学編『教育研究のメソドロジー——学校参加型マインドへのいざない』東京大学出版会，163-189．
秋田喜代美・佐藤学・岩川直樹（1991）教師の授業に関する実践的知識の成長——熟練教師と初任教師の比較検討．発達心理学研究，2（2），88-98．
秋田喜代美・恒吉僚子・佐藤学編（2005）『教育研究のメソドロジー——学校参加型マインドへのいざない』東京大学出版会．
荒井紀子（2009）批判的リテラシーを育む学びをどうつくるか——問題解決学習再考．荒井紀子・鈴木真由子・綿引伴子編『新しい問題解決学習——Plan Do See から批判的リテラシーの学びへ』教育図書，28-48．
荒井紀子（2012）家庭科のもつ現代的意味．荒井紀子編著『パワーアップ家庭科！——学び，つながり，発信する』大修館書店，8-23．
荒井紀子（2015）家庭科で育む市民社会を拓く力——行為主体に焦点をあてて．大学家庭科教育研究会編『市民社会をひらく家庭科』ドメス出版，8-27．
Bannister, R. and Monsma, C.（1982）*Classification of Concepts in Consumer Education*, South-Western Publishing Company．中原秀樹（1991）『消費者教育の体系と概念』（文部省産業教育指導者養成講座講義収録）全国家庭科教育協会，61 所収．
ボニス，J. G.，バニスター，R.（1998）小木紀之・宮原佑弘監訳『賢い消費者——アメリカの消費者教育の教科書』家政教育社．Bonnice, J. G. and Bannister, R.（1990）*Consumers Make Economics Decisions*, 2nd ed., South-Western Publishing Company．
チェンバレン，V.（1992）牧野カツコ監訳『ティーン・ガイド——人間と家族について学ぶアメリカの家庭科教科書』　家政教育社．Chamberlain, V.（1985）

  Teen Guide: teacher's resource guide to accompany, 6th ed., Webster Division, McGraw-Hill.

藤江康彦（2010）授業分析と授業．高垣マユミ編『授業デザインの最前線Ⅱ』北大路書房，168-182．

福田恵子・後藤真理（2012）実践的推論を導入した問題解決的学習の効果――ホームプロジェクトにおける学習方略の変化の観点から．日本家庭科教育学会誌，55(3)，150-161．

グリフィン，P.，マクゴー，B.，ケア，E.（2014）三宅ほなみ監訳『21世紀型スキル――学びと評価の新たなかたち』 北大路書房．Griffin, P., McGaw, B., and Care, E.（2012）*Assessment and Teaching of 21st Century Skills: methods and approach*, Springer Science+Business Media.

原口真理子・高増雅子（2016）高校生を対象とした魚教育プログラムの開発と評価．日本家庭科教育学会誌，58(4)，240-248．

橋本重治（1976）『新教育評価法総説（上）』金子書房，155-170．

速水多佳子・石田紘子（2012）消費者の自立を目指した「消費者の権利と責任」に関する授業実践．日本家庭科教育学会誌，55(2)，95-102．

廣瀬隆人・澤田実・林義樹・小野三津子（2000）『生涯学習支援のための参加型学習のすすめ方――「参加」から「参画」へ』ぎょうせい．

ヒッチ，E. J.，ユアット，J. P.（2005）中間美砂子監訳『現代家庭科教育法――個人・家族・地域社会のウェルビーイング向上をめざして』大修館書店．Hitch, E. J. and Youatt, J. P.（2002）*Communicating Family and Consumer Sciences: a guidebook for professionals*, Goodheart-Willcox.

北陸家庭科授業実践研究会（2009）『子どもの思考を育む家庭科の授業』教育図書．

伊深祥子・服部美香（2014）実践的授業力育成の事例研究――プリンの食品選択の授業研究から．日本家庭科教育学会誌，57(3)，208-216．

伊深祥子・増茂智子・河村美穂・布施谷節子（2013）日本家庭科教育学会誌における授業研究の動向――2000年から2009年．日本家庭科教育学会誌，56(2)，69-77．

伊深祥子・野田知子（2012a）家庭科の授業へのナラティブ・アプローチ――「なんで」が交流した授業の出来事．日本家庭科教育学会誌，55(2)，103-111．

伊深祥子・野田知子（2012b）子どもの食生活の現状からどう学びをつくるのか――授業「なぜひとりで食べるの」．日本家庭科教育学会誌，55(3)，162-171．

一番ヶ瀬康子（1995）福祉教育の理論．一番ヶ瀬康子・木谷宜弘・小川利夫・大橋謙策編著『福祉教育の理論と展開』光生館，1-15．

伊波富久美（2012）自らの生活を捉え直す学びの過程——他者とのかかわりを中心に．日本家庭科教育学会誌，55（2），112-123．

池野範男（2014）グローバル時代のシティズンシップ教育——問題点と可能性：民主主義と公共の理論．教育学研究，81（2），2-13．

稲垣忠彦・佐藤学（1996）『子どもと教育　授業研究入門』岩波書店．

石川一喜・小貫仁（2015）『教育ファシリテーターになろう——グローバルな学びをめざす参加型授業』弘文社．

伊藤葉子・小高さほみ・河村美穂・鶴田敦子（2003）日本家庭科教育学会誌からみる授業研究のパラダイム転換の検討．日本家庭科教育学会誌，45（4），367-375．

出雲地区家庭科同好会編（2007）『神話の国から　鳥取・島根の家庭科実践事例集』教育図書．

鹿毛雅治（2013）『学習意欲の理論——動機づけの教育心理学』金子書房．

鎌野育代（2013）家庭科の保育体験学習における中学生の「幼児との関係性」の変容．日本家庭科教育学会誌，56（4），203-211．

鎌野育代（2016）家族学習のロール・プレイングにおける中学生の家族関係に関する学びのプロセス．日本家庭科教育学会誌，58（4），210-221．

神山久美・堀内かおる（2010）家庭科における消費者教育の実践と評価．日本家庭科教育学会誌，53（1），32-39．

叶内茜・倉持清美（2015）中学生における幼児とかかわり方と心情の関連——幼児とのふれあいを拒否した生徒の事例に着目して．日本家庭科教育学会誌，58（3），164-171．

家庭科の授業を創る会（2009）『とことん家庭科　明日につなげる授業実践』教育図書．

川端博子・薩本弥生・斉藤秀子・呑山委佐子・扇澤美千子・堀内かおる・井上裕光（2013）浴衣の着装を題材とする授業実践の試み．日本家庭科教育学会誌，56（2），78-89．

川喜田二郎（1984）『発想法——創造性開発のために』中央公論社，237．

河村美穂（2010）「調理ができそう」という自信をもつ要因についての研究——小学5年生におけるはじめての調理実習の観察調査から．日本家庭科教育学会誌，53（3），163-174．

河村美穂・小高さほみ・伊藤葉子・鶴田敦子（2003）家庭科教育における福祉教育実践の方向性．日本家庭科教育学会誌，46（3），234-244．

河村美穂・芳川りえ（2014）小学生の調理技能の実態とその学習効果——包丁技能の

習得を中心に．日本家庭科教育学会誌，57（2），94-102．
健康・栄養情報研究会編（2002）『国民栄養の現状――平成12年国民栄養調査結果』第一出版，43．
木原俊行（2004）『授業研究と教師の成長』日本文教出版．
北の家庭科を考える会（2006）『北海道発　元気な家庭科の授業実践』教育図書．
小林美礼・高増雅子（2013）中学生の野菜摂取促進に向けて――1食単位の食事構成力を育む「3・1・2弁当法」を活用して．日本家庭科教育学会誌，56（4），212-221．
小林陽子・小谷敦子（2010）小学校家庭科製作学習における学習指導法の検討．日本家庭科教育学会誌，53（1），40-46．
国立教育政策研究所（2013）『教育課程の編成に関する基礎的研究報告書5――社会の変化に対応する資質や能力を育成する教育課程編成の基本原理』国立教育政策研究所．
河野義章（2009）『わかる授業の科学的探究　授業研究法入門』図書文化．
桑畑美砂子・石橋満里子（2002）家庭科教育学会誌における授業分析論文の動向．日本家庭科教育学会誌，45（2），172-180．
正宗三枝・高増雅子（2010）「遺伝子組換え食品」プログラムの実践とその評価．日本家庭科教育学会誌，53（2），111-119．
三上明洋（2000）英語授業改善のためのアクション・リサーチに関する一考察．英語教育研究，23，85-96．
三神彩子・長尾慶子・今井悦子（2011）西東京市小学校5年生に対してのモデル授業によるエコ・クッキングの教育効果の検証．日本家庭科教育学会誌，53（4），279-289．
望月一枝（2010）食教育における教師のポジショナリティ――授業ディスコースを中心に．日本家庭科教育学会誌，53（1），14-21．
望月一枝・倉持清美・金子京子・妹尾理子・阿部睦子（2011）幼児の会話教材を用いた授業の言語活動における教師の方略．日本家庭科教育学会誌，54（3），155-164．
望月紫帆・西之園晴夫・坪井良夫（2013）チームで推進する授業研究の研修プログラムの開発事例．日本教育学論文誌，37（1），47-56．
文部科学省（2008a）『小学校指導要領解説家庭編』東洋館出版社．
文部科学省（2008b）『中学校指導要領解説技術・家庭編』教育図書出版．
文部科学省（2010）『高等学校指導要領解説家庭編』開隆堂出版．

文部科学省（2016a）幼稚園，小学校，中学校，高等学校及び特別支援学校の学習指導要領等の改善及び必要な方策等について（答申）．

文部科学省（2016b）高大接続システム改革会議最終報告．

文部省（1989）『高等学校指導要領解説家庭編』実教出版．

文部省（2000）『高等学校指導要領解説家庭編』開隆堂出版．

森敏昭監修（2015）『21世紀の学びを創る――学習開発学の展開』北大路書房．

武藤八重子・山岸圭子（1989）学習段階別にみる献立構成力．日本家庭科教育学会誌，32（2），45-50．

灘光洋子・浅井亜紀子・小柳志津（2014）質的研究方法について考える――グラウンデッド・セオリー・アプローチ，ナラティブ分析，アクションリサーチを中心として．異文化コミュニケーション論集，12，67-84．

長倉守・新保淳（2015）省察を中核とした授業実践力向上のための方法論に関する研究（2）――アクション・リサーチによる教師の変容，中学校社会科地理的分野・地誌学習の事例として．教科開発学論集，3，139-149．

内閣府（2008）『平成20年版 障害者白書』佐伯印刷株式会社．

内藤道子（2002）生活を創るライフスキル．内藤道子・中間美砂子・金子佳代子・高木直・田中勝『生活を創るライフスキル――生活経営論』建帛社，1-3．

中間美砂子（1991）『小学校家庭科授業研究』建帛社．

中間美砂子（1996）生活の主体者としての意思決定能力の育成．消費者教育研究，46，3-5．

中間美砂子（2011）教科としての家庭科の役割．中間美砂子・多々納道子編『中・高等学校家庭科指導法』建帛社，1-24．

中間美砂子編（2004）『家庭科教育法――中・高等学校の授業づくり』建帛社．

中間美砂子編（2006）『家庭科への参加型アクション志向学習の導入――22の実践を通して』大修館書店．

中村喜久江・三好のぞみ（2002）食物教育における実践能力の育成（第1報）――主体的学習の構築に関わる要因．岡山教育学部研究，120，37-46．

日本家庭科教育学会編（1997）『家庭科21世紀プラン』家政教育社．

日本家庭科教育学会中国地区会（2010）『いきいき家庭科』教育図書．

日本消費者教育学会（2007）『新消費者教育Q&A』中部日本教育文化会．

西川純（2015）『すぐわかる！ できる！ アクティブ・ラーニング』学陽書房．

西岡里奈・倉持清美（2011）保育体験学習時における中学生の行動．日本家庭科教育学会誌，54（1），23-30．

野中美津枝（2006）障害者福祉について考えてみよう．中間美砂子編『家庭科への参加型アクション志向学習の導入——22の実践を通して』大修館書店，84-91.

野中美津枝（2011）高校家庭科における福祉生活課題解決能力の育成——参加型アクション志向学習による学習者の思考の変容プロセス．日本家庭科教育学会誌，54(2)，96-107.

野中美津枝（2012）全国調査からみた愛媛県高校家庭科．愛媛大学教育学部紀要，59，129-134.

野中美津枝（2016a）中学生期高校生期における消費者教育．日本消費者教育学会関東支部監修『新しい消費者教育——これからの消費生活を考える』慶應義塾大学出版会，66-67.

野中美津枝（2016b）小学生の消費生活課題解決能力を育成する授業デザイン．消費者教育，36，77-86.

野中美津枝（2016c）高校家庭科における授業デザインと授業評価に関する実態調査からみる現状と課題．日本家庭科教育学会誌，59(2)，73-83.

野中美津枝・中間美砂子（1999）知的障害者との交流体験学習導入による福祉意識の形成——高校家庭科における男子生徒を対象とした実践を通して．日本家庭科教育学会誌，42(1)，9-15.

野中美津枝・荒井紀子・鎌田浩子・亀井佑子・川邊淳子・川村めぐみ・齋藤美保子・新山みつ枝・鈴木真由子・長澤由喜子・中西雪夫・綿引伴子（2011）高等学校家庭科の履修単位数をめぐる現状と課題——16都道府県の教育課程調査を通して．日本家庭科教育学会誌，54(3)，175-184.

野中美津枝・荒井紀子・鎌田浩子・亀井佑子・川邊淳子・川村めぐみ・齋藤美保子・新山みつ枝・鈴木真由子・長澤由喜子・中西雪夫・綿引伴子（2012）高等学校家庭科の履修単位数をめぐる現状と課題——21都道府県の家庭科教員調査を通して．日本家庭科教育学会誌，54(4)，226-235.

小川麻紀子・長澤由喜子（2003）家庭科指導における批判的思考の導入（第2報）——高等学校家庭科の家族・家庭生活および保育領域における実践的検討．日本家庭科教育学会誌，45(4)，346-355.

小野恭子・大竹美登利（2014）小学校家庭科における持続可能な開発のための教育（ESD）の授業開発．日本家庭科教育学会誌，57(2)，103-111.

リチャート，R.，チャーチ，M.，モリソン，K.（2015）黒上晴夫・小島亜華里訳『子どもの思考が見える21のルーチン——アクティブな学びをつくる』北大路書房．Ritchhart, R., Church, M., and Morrison, K. (2011) *Making Thinking Visible:*

how to promote engagement, understanding, and independence for all learners, Jossey-Bass.

ライチェン, D. S., サルガニク, L. H. 編著（2006）立田慶裕監訳『キー・コンピテンシー――国際標準の学力をめざして』明石書店. Rychen, D. S. and Salganik, L. H., ed.（2003）*Key Competencies for a Successful Life and a Well-Functioning Society*, Hogrefe & Huber.

佐藤文子（2009）『家庭科教育における意思決定能力』家政教育社.

佐藤学・岩川直樹・秋田喜代美（1990）教師の実践的思考様式に関する研究（1）――熟練教師と初任教師のモニタリングの比較を中心に. 東京大学教育学部紀要, 30, 177-198.

薩本弥生・川端博子・斉藤秀子・呑山委佐子・扇澤美千子・堀内かおる・井上裕光・葛川幸恵（2013）ゆかたの着装体験を含む教育プログラム開発をめざした中学校技術・家庭科での授業実践. 日本家庭科教育学会誌, 56（1）, 14-22.

妹尾理子・金子京子（2011）家庭科教材としてのコレクティブハウジングの可能性と課題――教科書分析および住まいと家族に焦点を当てた授業実践の検討. 日本家庭科教育学会誌, 53（4）, 267-278.

妹尾理子・金子京子・倉持清美・望月一枝・阿部睦子（2011）幼児の遊びの中の会話から展開する"発達"を学ぶ教材開発. 日本家庭科教育学会誌, 53（4）, 247-254.

鈴木真由子・荒井紀子・綿引伴子（2012）家庭科における問題解決的な学習の現状と課題――家庭科教員に対する質問紙調査をもとに. 大阪教育大学紀要, 60（2）, 57-63.

高木幸子（2011）教育実習生の家庭科授業に観られる授業実践力の分析――調理実習における教授・学習行動に注目して. 日本家庭科教育学会誌, 53（4）, 238-246.

高木幸子・佐藤雪菜（2015）授業における教師のこだわりの違いが子どもの学びに及ぼす影響――小学校家庭科における学生と熟練教師が行った製作学習の事例比較から. 日本家庭科教育学会誌, 58（1）, 12-23.

立山香（2013）高等学校「家庭総合」における実施時期別保育体験学習の検討. 日本家庭科教育学会誌, 56（2）, 90-98.

立山香（2014）男子高校必修家庭科における保育体験学習の検討. 日本家庭科教育学会誌, 57（3）, 217-226.

上野顕子（2003）家庭科授業におけるアクションリサーチの妥当性. 金城学院大学論集, 43, 61-67.

WHO編（1997）JKYBライフスキル教育研究会訳『WHOライフスキル教育プログラム』大修館書店．WHO（1994）*Life Skills Education in Schools*, World Health Organization, Division of Mental Health.

山室公司・久保田賢一（2010）日本教育工学論文誌の研究動向に関する考察——研究方法と研究対象からみた分析．日本教育工学会論文誌，34（Suppl.），1-4.

吉崎静夫（1991）『教師の意思決定と授業研究』ぎょうせい．

吉崎静夫（2008）『事例から学ぶ活用型学力が育つ授業デザイン』ぎょうせい．

吉崎静夫（2012a）教育工学としての授業研究．日本教育工学会監修『授業研究と教育工学』ミネルヴァ書房，1-29.

吉崎静夫（2012b）『活用型学力が育つ授業デザイン』ぎょうせい．

吉崎静夫（2016）わが国で開発された授業研究法の特徴と意義．日本女子大学教職教育開発センター年報，2015年度第2号，7-15.

財津庸子他（2008）『小・中・高をつなげる試み　大分県の家庭科実践事例集』教育図書．

全国家庭科教育協会（2010）『家庭科教育の充実に関する調査——小・中・高等学校における家庭科，技術・家庭科の授業の充実を図るための課題』全国家庭科教育協会．

全国社会福祉協議会（1984）『青少年のボランティア活動』全国社会福祉協議会．

索引

| あ行 |

アクション志向学習　　14, 30, 64
アクション・リサーチ　　15, 34, 44, 167, 192
アクティビティ　　14, 30, 40, 46, 53
アクティビティの評価　　119, 168, 192
意思決定能力　　23
意思決定のプロセス　　23-24
イメージマップ　　40
インタビュー　　32

| か行 |

介護計画　　169, 175
買い物シミュレーション　　113-114
学習活動　　60-63, 65
学習方法　　30
環境問題　　29
キー・コンピテンシー　　12-13
疑似体験　　32, 41
共生　　13, 29, 44
共同思考学習法　　31
金銭教育　　43
ケーススタディ　　32
ゲーム　　32

KJ法　　31-32, 66
KJ法 AB型　　148
高齢者福祉実習・交流　　60, 66
コミュニケーションスキル　　29
コンサルテーション　　112

| さ行 |

参加型アクション志向学習　　14, 146
ジグソー学習　　41
資源　　23-24
思考の変容　　162-163
実験・実習　　32
質的研究　　37
シミュレーション　　32, 43
市民性　　12, 27
授業改善　　48
授業改善・創造　　45-46
授業研究　　33, 44
授業研究体制　　66
授業研究の課題領域　　36
授業ストラテジー　　130, 132
授業設計スキル　　128
授業デザイン　　45-47, 123-125, 190
授業評価　　135-136
授業評価・改善　　48-49, 191

障害者支援意識　80-81
障害者福祉　151-152, 160-161
消費者教育　29
消費者市民　29
消費者問題　29
消費生活課題解決能力　98, 111
消費生活主体性意識　100, 103-104, 106
食生活課題解決能力　86
食生活主体性意識　88, 90, 93-96
自立　12-13, 29, 44
人権意識　73, 83-84
生活課題解決能力　12, 22, 26
生活技術　26
生活資源　24-25
生活スキル　25
生活の科学的認識　26
生活の価値認識　26-27
生活問題解決スキル　26
生活問題のレベル　27-28, 147, 184
省察　66, 145
ソシオドラマ　32

| た・な 行 |

知的障害者理解　80-81, 83-84
調理実験　64, 66
ディベート　32
21世紀型スキル　52
21世紀型能力　44

| は 行 |

話し合い・討議　64, 66
一人暮らしシミュレーション　99-100
批判的思考　30, 147
BMI　87
フィールドワーク　32, 41
フィルムフォーラム　41, 43
フォトランゲージ　41
福祉意識　75, 78
福祉教育　72, 165
ブレーンストーミング　32
分析方法　37, 144
保育実習・交流　43, 61-62, 66
ホームプロジェクト　32, 60, 64
ボランティア活動　76, 78, 150, 159-160, 162

| ま～ら 行 |

問題解決学習　31
問題解決的な学習　64-65
問題解決能力　23
ライフスキル　25
ライフステージ　27
ランキング法　43
履修形態　33, 36, 129
量的研究　37
ロールプレイ　32, 168
ローン返済シミュレーション　102

＊著者紹介

野中 美津枝（のなか・みつえ）

茨城大学教育学部教授。1961年，山口県生まれ。
日本女子大学人間社会研究科教育学専攻博士課程後期修了。博士（教育学）。
管理栄養士，消費生活アドバイザー資格取得。
山口県公立高等学校教諭，千葉商科大学付属高等学校教諭として約18年間高校で家庭科を教える。2008年4月より大学教員になり，九州女子大学，愛媛大学，茨城大学において家庭科教育法等を担当し，教員養成に務める。
主たる研究領域は，授業研究，消費者教育，食育。
主な著書に，『家庭科への参加型アクション志向学習の導入——22の実践を通して』（共著，大修館書店，2006年），『中学校・高等学校 家庭科指導法』（共著，建帛社，2011年），『パワーアップ！ 家庭科——学び，つながり，発信する』（共著，大修館書店，2012年），『家族生活の支援——理論と実践』（共著，建帛社，2014年），『新しい消費者教育——これからの消費生活を考える』（共著，慶應義塾大学出版会，2016年），『小学校家庭科教育法』（共著，建帛社，2018年）がある。

生活課題解決能力を育成する授業デザインの実証的研究
──授業評価・改善に関するモデル

2019年2月28日　初版第1刷発行

著　者	野中美津枝
発行者	宮下基幸
発行所	福村出版株式会社

〒113-0034 東京都文京区湯島2-14-11
電　話　03(5812)9702
ＦＡＸ　03(5812)9705
https://www.fukumura.co.jp
印刷　株式会社文化カラー印刷
製本　本間製本株式会社

© Mitsue Nonaka 2019

Printed in Japan
ISBN978-4-571-10187-8 C3037
落丁・乱丁本はお取替えいたします
定価はカバーに表示してあります

福村出版◆好評図書

小野善郎・保坂 亨 編著
移行支援としての高校教育
●思春期の発達支援からみた高校教育改革への提言
◎3,500円　ISBN978-4-571-10161-8　C3037

思春期・青年期から成人への移行期を発達精神病理学的に理解し，移行支援としての高校教育を考察する。

小野善郎・保坂 亨 編著
続・移行支援としての高校教育
●大人への移行に向けた「学び」のプロセス
◎3,500円　ISBN978-4-571-10176-2　C3037

子どもから大人への移行期にあたる高校生の「学び」に着目。何をどう学ぶのか，高校教育の本質を考える。

村松健司 著
施設で暮らす子どもの学校教育支援ネットワーク
●「施設−学校」連携・協働による困難を抱えた子どもとの関係づくりと教育保障
◎4,500円　ISBN978-4-571-42070-2　C3036

社会的養護のもとで生活する子どもの教育支援はいかにあるべきか。施設と学校との連携の実践から考察する。

長尾寛子 著
時空間表現としての絵画
●制作学と美術教育からのアプローチ
◎4,000円　ISBN978-4-571-10181-6　C3071

絵画が空間だけでなく時間の表現も可能であることを，作品分析と心理学的根拠の両面から解明する。

白數哲久 著
児童の科学的概念の構造と構成
●ヴィゴツキー理論の理科教育への援用
◎4,000円　ISBN978-4-571-10177-9　C3037

「科学的探究」を基軸として，子どもの科学への関心を高めるための理科の効果的な教授・学習モデルを提示する。

岸田幸弘 著
子どもの登校を支援する学校教育システム
●不登校をのりこえる子どもと教師の関係づくり
◎5,000円　ISBN978-4-571-10170-0　C3037

不登校児童生徒への支援と，登校を促す魅力ある学級づくり等の教育実践と学校教育システムを論考する。

鈴木昌世 編著
「家庭団欒」の教育学
●多様化する家族の関係性と家庭維持スキルの応用
◎2,800円　ISBN978-4-571-10175-5　C3037

家族形態が多様化した現代で，教育の場としての家庭団欒を見直し，子どもが幸せに育つ家庭のあり方を考察。

◎価格は本体価格です。